SHOGO
AKIYAMA
SEIBU
SOGO

Majestic
SEIBU
SOGO

TONOSAKI
5

Lions
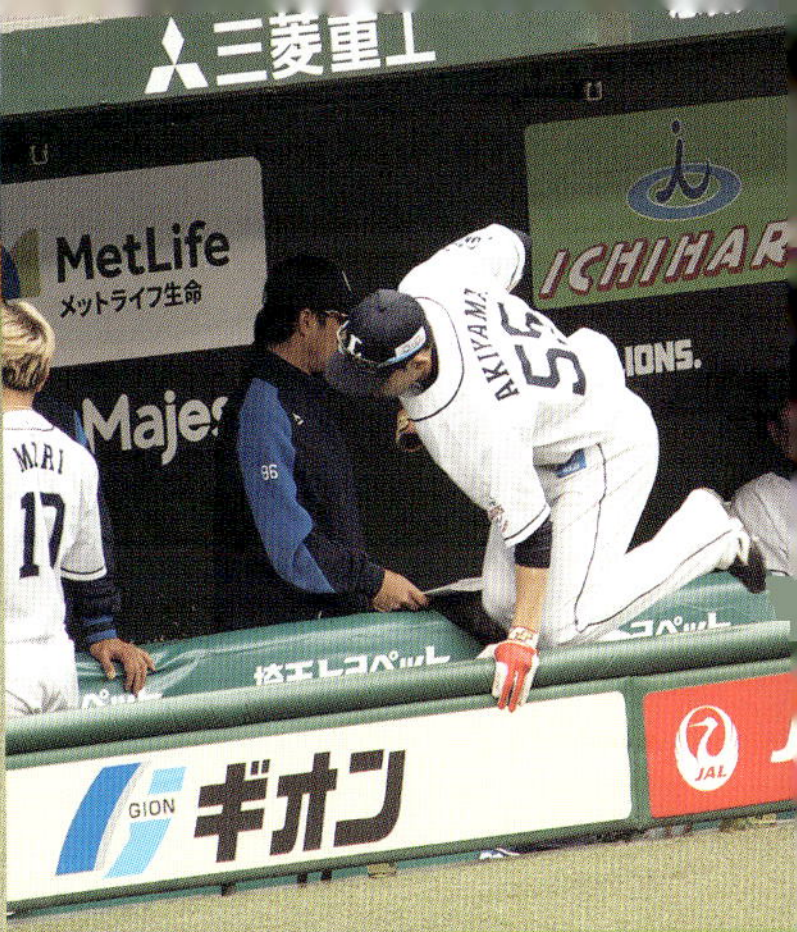
三菱重工
MetLife
メットライフ生命
55
GION
ギオン
JAL

Saitama
55

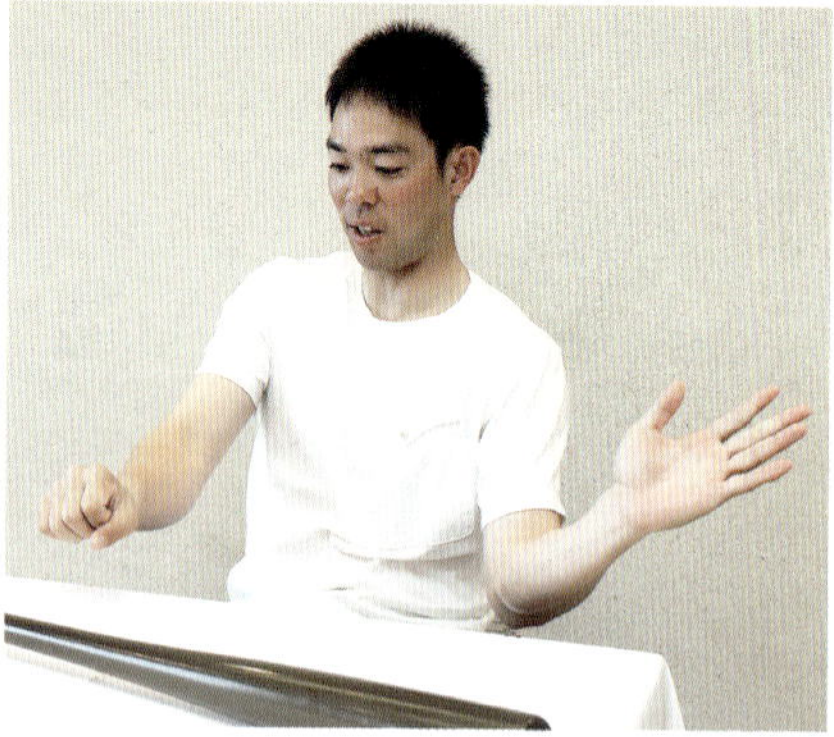

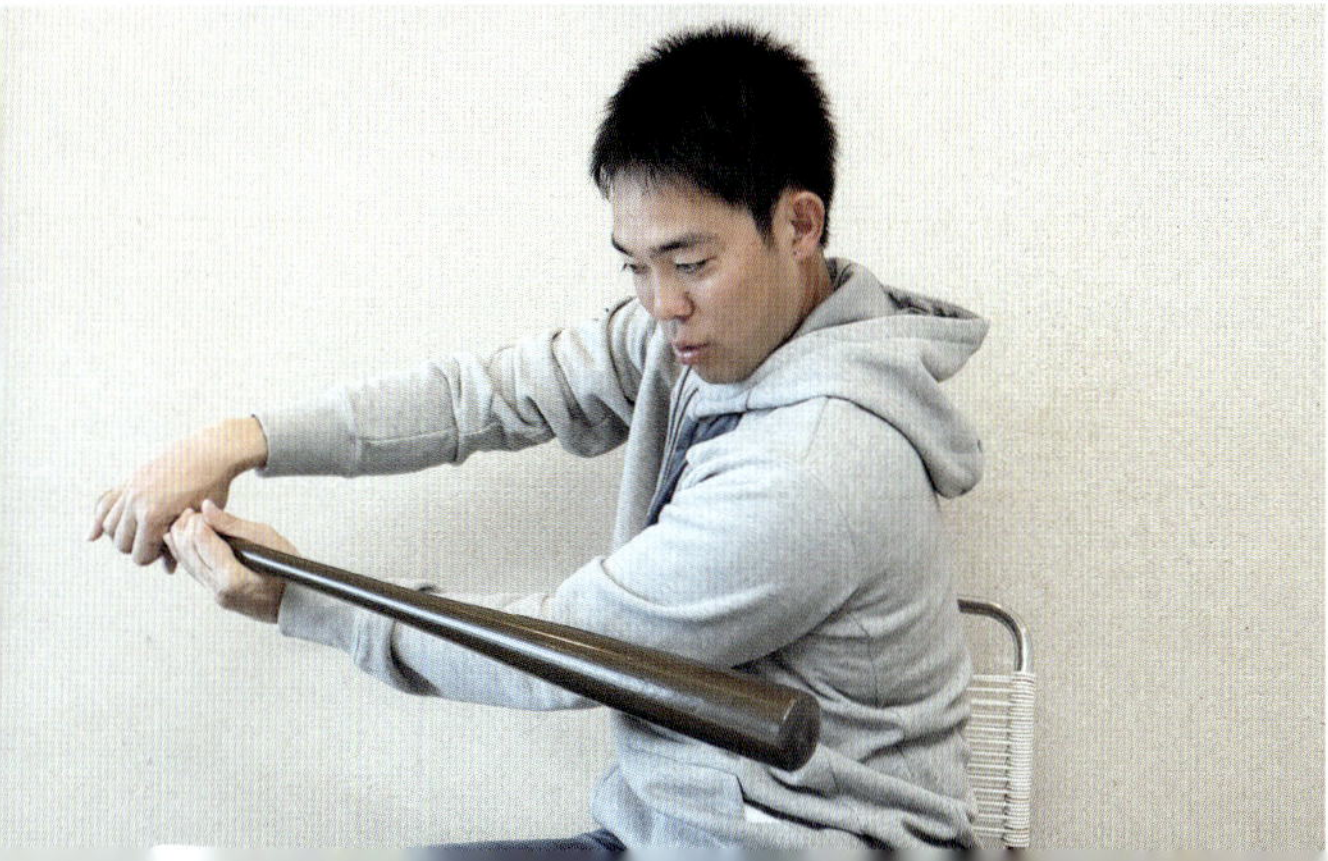

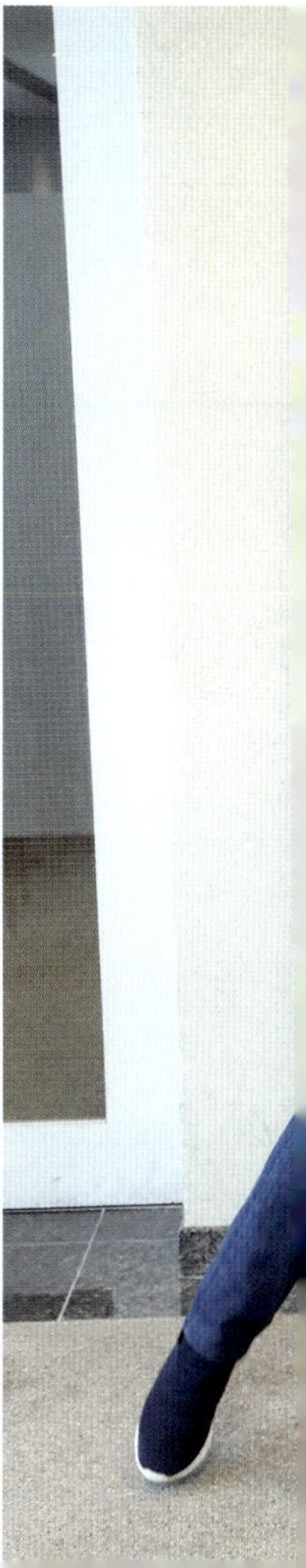

L
Majestic
C
Lions
SEIBU
SOGO

Professional Bible

SHOGO

技術と心

至高の打撃・野球道＆精神力探求バイブル

AKIYAMA

秋山翔吾 著

廣済堂出版

はじめに

僕は、２０１０年のドラフト会議で埼玉西武ライオンズから３位指名を受け、入団した。正直なところ、この時点では1位で指名された選手ほどの大きな期待をかけられていたわけではないだろう。

その感触は、ライオンズで実際にプレーするようになってからも変わらない。1年目の11年に球団史上30年ぶりとなる新人外野手による開幕スタメン出場を果たし、以後、一軍で我慢強く使ってもらう幸運はあったけれど、レギュラーが確定していたわけではない。常に余裕のないところで必死に争っていた。

そこから１つ抜け出したのは、15年にバッティングのスタイルを大きく変えたときのことだ。この試みが成功して、プロ野球史上歴代最多となる２１６安打を記録。17年には打率３割２分２厘でパ・リーグの首位打者を獲得し、プレミア12やＷＢＣ（ワールド・ベースボール・クラシック）の日本代表「侍ジャパン」にも選ばれた。こうした実績を経て、ようやくプロ野球の世界でやっていけるのではないかという手ごたえを得つつある。

このような折りに、「書籍を出しませんか」というお話をいただいた。まだまだ思慮の浅さは自覚しているけれど、せっかくの機会なので、ありがたく受けることにした。

本書は、そんな僕が現在までの野球人生で培《つちか》ってきた哲学のようなものをまとめたものだ。おもに、「技術」と「心」の2つを軸に据《す》えて、話を進めている。両方とも備えておくべき重要なものだろう。

とくに現在の僕を支えているバッティングについては、多くのページを割《さ》いた。全8章構成の中で、第1章から第3章までがバッティングの話だ。

まず第1章では、僕の野球人生のターニングポイントである15年のバッティングフォーム改造の経緯について明かさせてもらった。

第2章では、15年の成功後もさらなる高いレベルを目指すために維持・改良を続けた、おもにテクニカル面の考え方に触れている。この2つの章は、ほぼ「技術」に終始する。

そして第3章は、角度を変えた「心」の打撃論。データへの対応や、苦手なタイプのピッチャーへの対処、人からもらったアドバイスの取り入れ方など戦略面の思考のほか、打席に入る前のメンタル術など、頭の中の整理や「心」に重きを置いて述べさせていただいた。

続く第4章は、守備、走塁について。ここでも、自分なりに得た信念を記している。

第5章は、一度原点に立ち戻った。幼少のころから14年のプロ4年目までの歩みを振り返っている。その過程の中で、僕はもがき続けながらも精神力が鍛《きた》えられ、強いマインドをいくらかでも手に入れられたのかもしれない。

第6章では、野球全般に直結する、今の僕の内面について述べた。日ごろの練習に臨む姿勢やライバル論に始まり、先輩や後輩から学ぶべきことなど、高みを目指すための野球人としてのスピリットについて、思うところを集めた。

第7章は、豊かな心や安らぎを得られるものとして、グラウンドを離れたところでのチームメイトや他球団の同級生との交流、野球以外の僕の趣味嗜好《しこう》などをテーマに綴《つづ》った。僕を支えてくれる家族のことや、自分がここ数年続けている社会貢献活動に関しても書かせていただいた。

そして、最後の第8章は、未来への思いについて。チームのことやキャプテンシーへの考え、また僕が近い将来、自分の中で「決心」をするかもしれない重要な事柄についても、現時点で述べることができるギリギリの線まで踏み込んだつもりだ。

もちろん、そのほとんどは野球をベースにした話なので、多くの野球ファンに読んでもらえたらうれしい。プレーヤーであれば、「技術」も「心」も参考になるだろう。将来を目指す野球少年・野球少女から草野球プレーヤーに至るまで、幅広く活用してもらいたい。観戦メインのファンならば、プロ選手の内面的な思考を知ることで、より楽しみが増えればと思う。

また、野球ファンならずとも、多くの人に手にとってもらいたいと願っている。

僕は少々ネガティブ思考なところがある。それが、先輩後輩を問わず周囲からイジられる要因になっているようだが、本書にもそれが感じ取れる考え方や表現が随所に見られるだろう。でも、そこから生じる不安を打ち消すために人一倍練習して、成功に結びついた自負もある。許容範囲が狭くて、「これ」と決めたものに対する執着《しゅうちゃく》が強いことも、様々な取捨選択のときに役立った気がする。僕のこうした思考法や生き方が、読んでいただいた方の日常の生活の中で、なんらかのお役に立てるなら光栄だ。

18年、ライオンズはパ・リーグを制覇した。僕自身、プロ入りしてから初の優勝経験だっただけに喜びもひとしおだった。でも、クライマックスシリーズで、福岡ソフトバンクホークスに敗れ、日本シリーズには出場することができず。日本一は挑戦することすら阻《はば》まれた。明けて19年。僕は現在、パ・リーグ連覇、そして、今度こそ日本一になることを目指してシーズンを戦っている。

ぜひ、その姿に本書を重ね合わせるようにして、この先のページをめくって読み進めてほしい。きっと、僕の「技術」と「心」は、みなさんと共有できるに違いない。

秋山翔吾

目次

第4章 守備・走塁の信念を貫く ~派手なプレーより大切なこと~

第5章 強い心が成長させる
～幼少期からプロ若手時代までの軌跡～ 149

TONOSAKI
5
31

第1章

打撃技術を作り直す

～ゼロから始めた開眼までの戦い～

不調とライバルの出現に焦《あせ》りを覚え、自分を見つめ直す

2015年10月1日、我が埼玉西武ライオンズは、敵地・京セラドーム大阪で、オリックス・バファローズと対戦した。6回表、この日3度目の打席に入った僕は、先発投手のブライアン・バリントンから三遊間に緩《ゆる》いゴロを打った。全力で一塁ベースへ走ると、送球よりも早くベースを踏む感触を得て駆《か》け抜けた。

このとき、オリックスの三塁手・小谷野栄一《こやのえいいち》さん(現東北楽天ゴールデンイーグルス打撃コーチ)が打球を処理したあと送球が遅れたそうだが、走っていた僕には見えていない。

内野安打なのか? それともエラーなのか?

スコアボードに目を向けると、ヒットを示す「H」の表示が灯《とも》り、観客の大歓声とともにシーズン最多安打のプロ野球記録となる215安打に到達したことを認識した。前日の9月30日には5安打を放ち、イチローさん(元オリックス・ブルーウェーブ、シアトル・マリナーズなど)の持つパ・リーグ記録210安打(94年に達成)を突破しただけでなく、マット・マートン(元阪神タイガースなど)の持つNPB(日本野球機構)記録である2

14安打（10年に達成）にまで並んでいたけれど、この打席でそれを更新。さらに、9回表にも三塁打を放って記録は216安打に伸びた。この試合は、チームのシーズン最終戦であり、新記録はまさにギリギリでの達成だった。

それにしても、まさかこれほどの成果をあげられるとは、シーズン前には夢にも思っていなかった。でも、以前よりもヒットが出るようになった要因ははっきりしていた。このシーズンに入る前のオフ、それまで信じて貫いてきたスタイルをすべて消し去って、ゼロからまったく新しいバッティング技術を構築したのだ。

この第1章では、秋山翔吾という1人のプロ野球選手が、多くの野球ファンに名前を認知される記録に到達した15年のチャレンジについて、まず最初に述べようと思う。

15年の成功は、14年の不振を抜きに考えるわけにはいかない。11年にプロ入りした僕は、幸運なことに1年目から一軍での出場機会に恵まれ、3年目の13年シーズンには全試合出場を果たしていた。この年は、前年（12年）の4本塁打から13本塁打と長打も増え、11月に台湾で行われた国際試合では、日本代表「侍ジャパン」にも選ばれた。

このまま、さらに高いレベルを目指すつもりでいたけれど、14年は状況が暗転する。自分の周囲の環境が変化して、焦《あせ》りや戸惑いを覚えたシーズンになったのだ。

まず、大きなこととして、ライオンズの監督が渡辺久信さん（元西武など、現ゼネラルマネージャー＝GM）から伊原春樹さん（元西武など、元オリックス監督など）に替わった。伊原さんは、就任直後の13年の秋季練習のころから、イベントなどで「秋山はレギュラーじゃない」と公言。野手陣は全員が横一線からの競争であることを強調した。13年は全試合に出場し、1試合を除いてはフルイニング出場だった僕は、それを耳にして「え？」と思った。きっと、まだプロ3年目のシーズンを終えたばかりの僕が有頂天《うちょうてん》にならないように、という考えなどがあったのだろう。

さらに、年が明けた1月、伊原さんは報道陣に向けて早々に開幕ゲームの想定メンバーを発表。そのとき、僕の打順は7番になっていた。どうやら、本気で横一線の競争にするらしい。今であれば、勝利のためには厳しい姿勢に徹する伊原さんらしいやり方と理解できる。でも、当時の僕はまだ若かった。前年には1番や2番、ときには5番も打っていた自負もあったので、心は乱れた。「うわ、これはちょっとマジでヤバい」「なんとかしなきゃ」という焦りを覚える。それでも、「結果を出して見返してやる」というメラメラした思いを前に出すようにして調整し、14年のシーズンを迎えた。

ところが、フタを開《あ》けてみると、気持ちが空回りしてしまったのか、結果がまったく出ない。故障ではなく不振によるファーム落ちも経験し、一軍に戻ったあとも、先発で出場できない試合が増えていった。

この年のライオンズは、同期の木村文紀《ふみかず》と、3歳下の石川貢《みつぐ》が外野のレギュラー候補として台頭してきていた。木村はもともと投手として入団したが、13年のシーズンから野手に転向し、元来の身体能力の高さを発揮。14年は開幕戦で3番に抜擢《ばってき》されていた。また、石川は14年にファームで28盗塁を記録。僕と同じ右投げ左打ちの外野手で、スピードを売りとし、打撃もパンチ力がある好選手だ。

プロ入りしてから13年までは、競争相手と言えば先輩ばかりで、同期や後輩の外野手のことを意識することはなかった。ただ思いきって突っ走るだけだった僕にとって、この2人の存在は「いい刺激」をはるかに越え、危機感以外のなにものでもなかった。身体能力の高い選手たちを相手にしていくには、頭を使うことや、同じ失敗を繰り返さないところなどで勝負しなくてはならない。

でも、勝負になるのか？　頭脳プレーやそつのなさをどこまで極められるのか？　ベンチで彼らが外野を守っている姿を見ながら、「このまま、木村や石川が伸びていったら、俺は来年、なにで勝負したらいいんだろう？」と、焦りは大きくなる一方だった。

加えて、14年シーズンは、同い年の柳田悠岐《やなぎたゆうき》（福岡ソフトバンクホークス）がブレイクした。柳田は前年から試合に出場していたけれど、14年、あのフルスイングが本格的に開花し、日本シリーズなどで活躍。シーズン後の日米野球ではＭＶＰも受賞していた。

さらに追い打ちをかけたのが、14年シーズン終了後のオフに行った右ヒジの手術だ。手術は無事にすんだが、リハビリのため秋季練習に参加できない。気持ちは焦る一方なのに、練習で追い込むこともできなかった。

でもこのとき、最終的には気持ちを切り替え、「これからの自分」について頭の中をじっくり整理したことで、翌15年、大きな転機につなげることができた。焦りを覚えたときには、あえて一度立ち止まって考える。それは、悪いことではないのかもしれない。

成功のヒントは思わぬところに存在する

人間、生き残るためには、高い目標を持ちながらも、己《おのれ》を知り、方向転換することも必要ではないかと思う。僕の場合、それが14年シーズン終了後のオフから始めた、打撃のスタイルチェンジだった。このオフの11月、僕は右ヒジの手術明けだったために、宮崎県日《にち》南《なん》市南郷《なんごう》で行われていた秋季キャンプには参加していなかった。夜中にスポーツニュースでも見ようかと、なにげなくテレビをつけたところ、『球辞苑《きゅうじえん》』（NHK-BS）という番組が放送されていた。少し大げさかもしれないけれど、これが「運命の出会い」となる。『球辞苑』は野球用語を1つ取り上げて、それを49分で突き詰めるマニアックな番組で、このときは「流し打ち」がテーマだった。

折しも、右ヒジを手術した直後の僕は、翌シーズン以降のバッティングスタイルについて、まさに考え込んでいた時期だった。手術前からの感覚として、反射的に右ヒジがグッと伸びきったところでボールをミートしていた従来の理想形でのスイングが難しくなっていた。手術後も右ヒジを少しかばうように打つ感じで、ヒジを少し屈曲《くっきょく》させないと、怖《こわ》くてバットが振れない。ホームランになるような強打が難しいうえに、右腕一本で厳しいコースをファウルにできるところが空振りとなる。これまでならヒットにできるコースを同じように打つことが難しい感触だった。

僕は柳田のように遠くに飛ばすことはできない。同僚の木村のように打っても走っても高い身体能力があるわけではない。石川のように数多くの盗塁もできない……。柳田に至っては、14年に盗塁も33個記録している。僕はかつて走攻守三拍子揃《そろ》った好選手として名を馳《は》せた秋山幸二さん（元西武・福岡ダイエーホークス、元福岡ソフトバンク監督）を意識していたところがあった。同じライオンズ所属で、しかも同じ「秋山」という名字。おこがましいながらも縁《えん》を感じずにはいられなかった。伝え聞いていた秋山さんのプレースタイルに引っ張られる形で、内心、「トリプルスリー（打率3割、30本塁打、30盗塁）」を現実的に可能性のある目標としていた。でも、このころは手術したばかりだったせいか弱気になりがちで、「とても無理だ」と思っていた。では、柳田や木村、石川たちと、なにで勝負できるのか？　当時、すでに26歳。時間もあまりない。

「このままではいけない。根本的にやり方を変えなくては」

そんなときに目に入った『球辞苑』の「流し打ち」が、僕をアベレージヒッターに徹する決意を後押しする有益な材料になったのだ。

『球辞苑』で最初にグッときたのは、逆方向打率のランキングだ。右打ちか左打ちかに関係なく、引っ張ったケースを除外して、逆方向に打ったケースにおける安打の率を出したものだ。銀次さん（東北楽天）や陽岱鋼《ようだいかん》さん（当時は北海道日本ハムファイターズ、現読売ジャイアンツ）など、上位にランクインしていたのは、ホームランバッターではなく、あくまで「ヒットの延長がホームラン」という人ばかり。しかも、みんな通常の打率も高い。シーズン中から薄々感じていたことが、「やっぱり、そうなんだ」と確認できた。

加えて、元巨人のレジェンドで芸術的な流し打ちで知られている篠塚和典（旧登録名：利夫）さんによる、流し打ちの実演ＶＴＲにも釘《くぎ》づけになった。篠塚さんは、僕と同じ左打者。バットを手にしながら、押し手である左手の使い方について、ご自身がつかんだ「奥義《おうぎ》」を説明していた。

「左手は手のひらで握るのではなく、指で握る『フィンガーグリップ』とする。そして、バットのヘッドを遅らせるようにスイングし、インパクトの瞬間だけ左手に力を入れてグッと握る。それによってヘッドが立つので、力負けしてファウルにならずに逆方向へきれいに飛んでいってくれる」

このようなニュアンスだったと記憶している。まず、左手の握り。僕はそれまでずっと手のひらで力を入れて握っていた。目的としては篠塚さんと同じで、ヘッドをできるだけ立たせた状態でバットを入れたい、インパクトで押し負けたくない、という思いからだ。ただ、僕の悪いクセとして、強い打球を打ちたいという気持ちが強すぎると、左肩が入ったり、押し手側で抑え込もうとしたりしてこねてしまう。調子が悪いときほどその形になることが多く、ほとんどがセカンドゴロになっていた。これが悩みどころの1つだった。だからこそ、篠塚さんの話は、まさに求めていた解答だった。その場で、画面を見ながら動作をマネて、「こういう感じかあ。俺、やっていることが全然違っていた」と思いながら、動作を繰り返した。自分の引き出しだけでは思いつくことができない、まさに野球教室がその場で開かれていたようなものだった。

僕は偶然出くわしたわけだが、こうした思わぬところから自分に必要なものを吸収して取り入れることは、本当に大切。それを実感した経験だった。これをきっかけにして、頭の中でモヤモヤといだいていた「こねたセカンドゴロが多い」「右腕の状態からして力強い打球を打つのが難しい」といった悩みが消え、「逆方向に徹したアベレージヒッター」に転じる方向へ気持ちが乗っていった。

身近な先輩を逆方向打ちの手本にする

こねたセカンドゴロをなくすために、逆方向に徹した打撃をする。それを真剣に考えるようになったとき、身近なお手本として頭に浮かんだのは、ライオンズの先輩・栗山巧《たくみ》さんの姿だ。同じ外野手として、栗山さんには新人のころからずっとお世話になっていた。野球に取り組む姿勢など、様々な部分で大変尊敬している。

栗山さんは、規定打席をクリアしてシーズン打率3割を3度も記録したことがある安打製造機で、逆方向打率が高い。僕と同じ左打者だが、とにかく、センターから左側へ打つことを徹底していた。極端な話、左方向へのファウルばかりになることもある。もし、僕が入団当初から打率を高くすることだけに徹していたら、もっと早くから良き手本になっていただろう。でも、それまでの僕は、引っ張った力強い打球でホームランを打ちたいと考えていた。その中で打率も伸ばしたいという野心もあったので、栗山さんの打法を取り入れようとは思わなかった。逆方向に徹する感覚も覚悟もなかったのだ。おそらくだが、栗山さんも若いころは力強く引っ張ってホームランを打ちたかったに違いない。その気持ちを抑えて、生き残るために今の形になったのだろうが、そんな奥底まで突っ込んだ話はしたことがなかった。

「お前のバッティングって、手打ちだよね」

15年より前のあるとき、栗山さんに指摘されたことはある。僕はそのとき、「強く打とうとすれば、どうしてもそうなるのではないか」と思っていたので、「栗山さんはどういう練習をしているんですか？」と聞いた。すると、返ってきた答えはこうだった。

「俺はサードのコーチャーボックスのほうから打って、徐々に中（インフィールド）に入っていくように打球を出していく」

それくらい、練習のときからインサイドアウトのスイングを徹底し、逆方向に打っているということだった。ちなみに、インサイドアウトのスイングというのは、ごく簡単に言うと、スイングの始動からボールをとらえるインパクトの直前くらいまではバットが体の近く（内側＝インサイド）を通り、フォロースルーではバットが体の遠く（外側＝アウト）へ離れていくような軌道で打つことを言う。バットと両腕をムチのようにしならせる理想的なスイングだが、スイングスピードが最速付近になる両腕が伸びる直前あたりでボールをとらえないと打球が飛ばない。それよりタイミングが遅れるとバットのヘッドが返る前にボールが当たり、多くはファウルになってしまうので、高い技術が必要になる。栗山さんは、バットにミートする確率を上げるため、できるだけキャッチャーに近いところまでボールを長く見られるように、このスイングに徹していたものと思われる。それに、ファウルが多くなっても、ピッチャーに球数を多く投げさせることができる。2番打者としては大きなメリットだ。

しかし、後述するが、当時の僕は、「ボールに対してできるだけ一直線に最短距離でバットを出す」のが最良だと考えていた。だから、自分とは少し違うように思えた。また、プロ入り後、常に危機感を持ちながら試合に臨んでいた時期でもあったので、練習でファウルばかり打つような余裕はとてもなかった。そんな姿を首脳陣に見られたら、「なんだ、あいつ、ファウルばかり打って。調子悪いんじゃないか？」と判断され、スタメンを外されたり、二軍に落とされてしまうかもしれないと思っていたからだ。

ところが、「逆方向へ打つことを徹底したアベレージヒッター」という最終形を意識するようになると、考えが変わってきた。そんな折りに『球辞苑』の「流し打ち」の回を見たことで、以前、栗山さんが話していた意味が、ようやく理解できた。「なるほど」とつながったのだ。

がんばろう!
日本
KURIYAMA
1

また、野球の打線は、選手独自の特徴が「線」となってつながりを生み出していくものだが、僕の中でその理想像は、やはりライオンズの先輩方のイメージによって植えつけられていた。

例えば、打率は2割台でもホームランを40発打つ強打者としては中村剛也《たけや》さん、打率3割で20本塁打以上打つタイプとしては現在巨人に在籍する中島宏之《ひろゆき》（旧登録名：裕之《ひろゆき》）さん、50盗塁前後するイメージは片岡治大《やすゆき》（旧登録名：易之《やすゆき》）さん（現巨人二軍内野守備・走塁コーチ）などだ。僕がこれから目指すべきスタイルとしてはどうあるべきかを今一度考えたとき、すぐに浮かんだのは栗山さんだった。打率や出塁率が高く、相手投手に球数を投げさせていやらしい印象を植えつける存在。僕も生き残っていくには、栗山さんのようにならなくては、と思った。そして、もう一度改めて、「秋山翔吾という選手はこういう色である」というものを持って、ライオンズのレギュラーを目指すところから再スタートすることにした。

僕はそもそも、アマチュア時代を含めて、他人のプレーを見て研究するということをあまりしていなかった。自分が思っていることを、とにかく数多く反復することでうまくなると信じていた。でも、このとき初めて身近な人の姿を参考にすることの大切さを学んだのだと思う。

対戦相手や後輩の長所を参考にする

手本になる選手は、対戦相手のチームにもいた。僕は以前から、銀次さんと中村晃《あきら》（福岡ソフトバンク）の2人が、同じ左打者として毎年安定して高い打率を残すアベレージヒッターだと思っていた。そのため、この2人のバッティングを気にしていた。

彼らのフォームには、以前から疑問に思う共通点があった。試合前などにバットスイングをしている姿が、どう見ても下からバットを出しているように感じるのだ。

僕はそれまで、アベレージを残す打者というのは、「上から叩《たた》きつけるスイングで鋭いライナーを打つもの」と考え、実践してきた。いわゆる、「ポイントに向かってバットを最短で振り下ろす」イメージのスイングだ。でも、彼らはどう見ても、下からすくうように振っている。本人たちはどう意識しているのかはわからないけれど、僕の固定観念からすると、あのスイングは柳田のようなパワーのあるホームランバッターがするもの。そう思っていたので、気づいたときは意外でもあり、新鮮でもあった。

なるほど、考えてみれば単純な話だ。要はボールに対するバットの入れ方である。ピッチャーの投げたボールというのは、物理的に少しずつ落下しながらホームベースに到達する。それに対して、上からバットを入れてしまうと、打つポイントはお互いの軌道が交差する一点になってしまう。今思えば、「どんだけ、接点の限定されたスイングをイメージしていたんだよ」という話だ。

そこで、僕もバッティングを変えるにあたり、投球軌道の延長線上にバットをやや下側から入れるスイング軌道を意識するようにした。具体的には、構えているときのグリップの位置を、ヘルメットの上のあたりから肩付近に下げた。

ここで1つ、お伝えしておきたい。

この構えの変更について、「秋山は下から振るようにするために、バットを寝かせるように変えた」と、当時の媒体などで表現されていたことがある。今でも時折言われることがあるけれど、それは微妙にニュアンスが違う。僕はもともと学生時代から、バットは寝かせて構えていた。だから、構えているときのバットの角度は変えていない。単純にグリップの位置を下げただけなので、「このときからバットを寝かせた」と誤解している人が新旧の映像を見比べると、「どっちもバットは寝かせているじゃん?」となるはずだ。この点については、当時の僕の伝え方にも言葉足らずの面があったかもしれないけれど、「バットを立てていたのを寝かせるようにした」わけではないので、この場を借りて認識を正してもらえるとありがたいと思う。

グリップを下げた話に戻すと、大前提として、栗山さんが実践していた「ボールの内側にバットを入れて、逆方向へ打つ」スイングがある。それを実現するには、まず、バットが自分の体のまわりにまとわりつくように振り出す。グリップが先行して、ヘッドがあとからついてくるような始動だ。そして、ボールと自分の体のあいだに腕とバットで「逆Ｖ字」の形ができるようにグリップを入れるイメージで振りたい（38ページ参照）。加えて、バットをボールのやや下側からすくうように入れるとなれば、グリップの位置を下げたほうが必然的にバットは入れやすい。そんな結論に至った。

また、スイングそのものとは別のところで、ライオンズの後輩である森友哉《ともや》のグリップまわりの動作も気になっていた。

確か、一緒に特打をしていたときのことだったと記憶している。打席で構えているとき、森はバットを持つ左手を常に握ったり緩めたり繰り返しながら、投球を待っているのだ。

僕はそれまで、とくに後ろの左手は手のひらの腹の部分で力を込めて握っていた。それはやはり、力を加えたい、球威に負けないようにしたいという気持ちがあったためだが、これだと柔軟性に欠けるためバットのヘッドが早く返ってしまう。当然、ドアスイング気味になりがちで、それがこねたセカンドゴロになるいちばんの要因だった。

2014年までボールの外側を
叩いていたイメージ

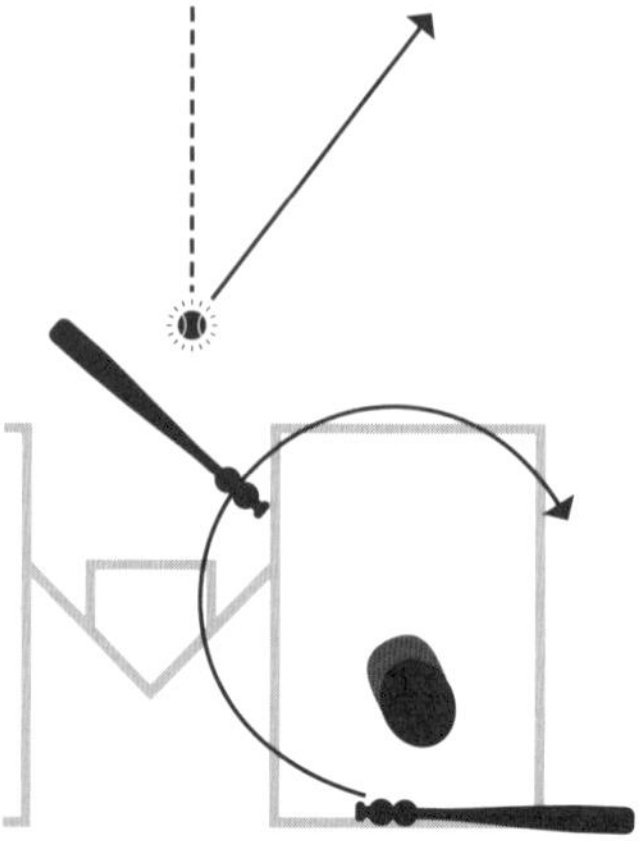

ボールと自分の体のあいだに「逆V
字」の形でグリップを入れるイメージ

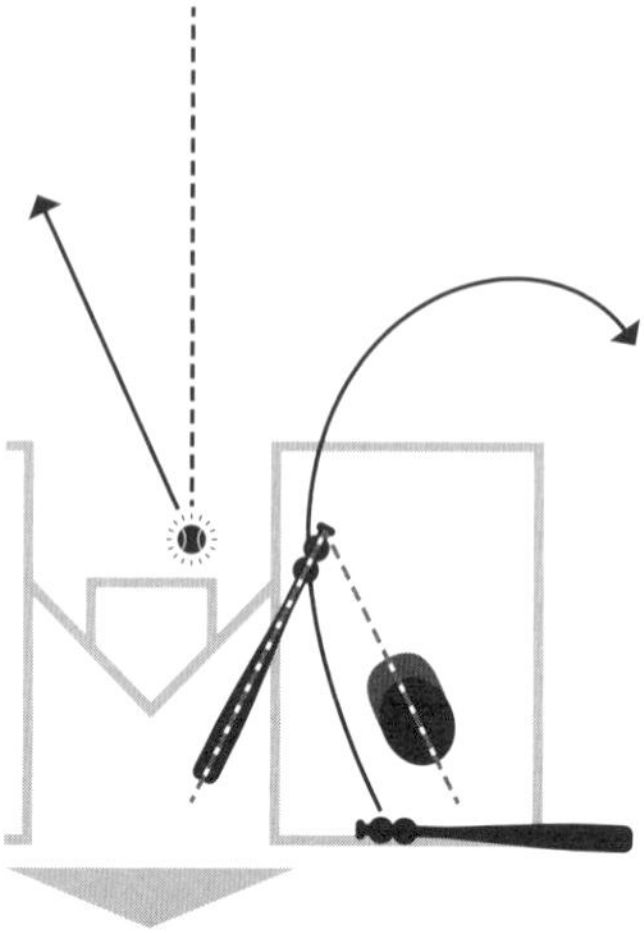

森は大阪桐蔭《とういん》高校からライオンズに入団した14年、高卒ルーキーながら1年目から一軍で6本塁打を記録。翌15年には17本放った。身長は170センチしかないけれど、重心を低くした姿勢からのスイングスピードはプロの中でも群を抜く。でも、僕はそういったことよりも、彼のあの左手の動きが気になった。

「なんでそういう感じなの？」

特打の合間《あいま》に聞いてみた。すると、返ってきたのは、「左手に力が入りすぎると、振り出しで固まってしまうんで」ということだった。

なるほど。僕はそれまで左手で力強く押し込む打ち方をずっと信じてやってきたので、変えようという意識に至らなかった。けれども、動作というのは「静」から「動」よりも「動」から「動」へ持っていくほうがスムーズに行えると、以前から薄々感じていた。それでもなかなか変えられずにいたのだが、すべてを一からやり直すこの機会に、森の左手の動きも取り入れてみることにした。いろいろ試したところ、僕の場合は森のようにあからさまに握ったり緩めたりするのではなく、握っている左手の力の入れ方に多少強弱をつけるような感じ。バットの先端がゆらゆらと上下する程度にしてみた。すると、この握り方はインサイドアウトに振ってグリップ先行でボールの内側にバットを入れる形にすごく合っていることがわかった。

今振り返ると、このときは不振から脱出したいばかりに、「生き残るためには今までのスイングを変えるしかないんだ」と、少々決めつけるように自分に言い聞かせていたところはあったかもしれない。すべてを一度崩《くず》して再構築しようという不退転の覚悟があった。それに、望まぬことだったとはいえ、右ヒジの手術とリハビリによって秋季練習に参加することができず、バッティングについてじっくりと考えられる時間があったことも大きかった。それまで薄々気になっていたことに対して、すんなり納得して取り入れることができた。そういう機会を得られたことは、今思えば大変幸運なことだった。

ホームランを捨てる

17年ごろからメジャーリーグでは、「フライボール革命」という言葉が流行した。向こうでは打者の打球傾向に応じて極端に守備のシフトを変えてくることが増えたのだが、その対抗策として、多くの打者が打球を上げるように角度をつけてスイングするようになった。頭を越える打球でシフトの突破を図るようになったのだという。18年になると、日本にもこの考え方が入ってきて、大きな話題になっていた。

考えてみると、僕はその考え方が日本に入ってくる以前の15年に、ボールの下のほうからバットを入れる打ち方、いわゆる「アッパースイング」を取り入れたことになる。でも、ホームランを打つためではない。打率を高めるためだ。その意味では、「フライボール革命」とはまったく異なる発想だった。

すでに述べているように、僕はボールを上から叩くように打つことが理想だと信じていた。ところが、それだとジャストタイミングでとらえられたときは力強い打球が飛ぶ一方で、ボールの軌道とスイングの軌道が交《まじ》わるポイントは一点になってしまう。少しでもタイミングがずれると、角度的にゴロになりやすい。僕が不調のときは、まさにその原理に悪い意味でハマっていた。左手が早く返って、こねるようなスイングになるため、セカンドゴロがやたらと多くなってしまうのだ。これがプロ入りしてからの悩みのタネだった。

15年のシーズン前に取り組んだスイングの改造は、まず、セカンドゴロを極力抑えるのがいちばんの狙《ねら》いだった。逆方向へフライを上げる感じで、下からバットを入れる。横から見たときのバットの軌道は、インパクトの前後では「やや下から上」へ。例えて言うならば、スプーンでプリンをすくうように。このイメージでスイングできれば、物理的にセカンドゴロには絶対にならない。また、投球の軌道に合う角度でバットが入り、点ではなく、線でボールがとらえられるようになる。ミートできる時間の幅も広がった。

実は、この打ち方をしようとすると、右の脇は必然的に開くしかなくなる。このあたりも、これまでの僕のいだいていたバッティングの常識からは逸脱しており、「右脇を締めることでバットが最短距離に鋭く入る」と考えていた。でも、割りきることにした。右脇を締めてしまうと、バットのヘッドが早く返ってしまい、打ち損じると、やはりセカンドゴロが多くなってしまう。それでは、元の木阿弥《もくあみ》になってしまうからだ。

この打ち方は、以前から栗山さんが練習で行っていた、サードコーチャーがいる方向に打球が行くようなスイングと共通している。キャンプで実際にやってみると、やはりセカンドゴロになる打球が大幅に減ったという感触が得られた。

また、恩恵はほかにもあった。「ファウルになってもいい」というラクな気持ちでボールを迎えられ、投球をより長く見られるようになったのだ。同じファウルでも、以前なら、「うわ、遅れた。もっと前にポイントを出さないと」と意識過剰になり、次にスライダーが来てセカンドゴロ……となっていたのだが、「ああ、少し遅かったか。じゃあ、今よりもう少し前にしてみよう。ファウルになってもいい」というプラス思考に変わってきた。

また、右ヒジの手術明けで、開幕までにバットを強く振る期間が短かったことも、今思い返すとプラスだった。あまり無理できなかったので、キャンプやオープン戦の時期に技術的にいろいろと試す余裕がない。加えて、14年の低迷から来る危機感により、「とにかく、自分のスタイルを変えるんだ」という強い思いが重なり、結果的に、「ボールの内側にバットを入れる」ということだけに集中して取り組むことができたのだ。

僕は元来、信じてきたことを変えるのが怖くて新しいことになかなか踏みきれない性格だ。それが、変えられた背景には、「変えなくてはいけない」となる多くの状況が一度に揃った、ある意味、奇跡的なタイミングだった気がする。

また、15年のキャンプや実戦に入ってからも、以前のように「強く振る」一辺倒ではなく、右ヒジのことも考えて軽打する機会が増えた。これもあくまで結果的に、ではあるけれど、投球をいなしたり、スピードの変化に合わせたりするスタイルへシフトすることができた。相乗効果がすべて良い形に重なったからこそ、日本記録となるシーズン216安打を達成できたのだと思っている。

当たり損《そこ》ねでも、ヒットならOKとする

15年のシーズンからは、打席での考え方もかなり変わった。

「ストライクゾーンを9分割するとして、四隅《よすみ》にバシバシ来られたら、もうあきらめよう。

甘く入ってきたところをヒットにして、打率を稼ごう」

そういう発想に切り替えたことで、厳しいコースに無理して合わせようとしなくなった。無理をしなくなったので、誘い球にフォームが崩されにくくなった。

おそらく、中村剛也さんのスタイルに少しだけ近づいたのではないかと思う。中村さんは、2ストライクから、落ちる球や逃げる球が来ても、空振り三振を恐れて体勢を崩しながら当てにいくことなどない。いつもと同じように軸を残して、「ブン！」と振ってしまう。当然ながらバットが空《くう》を切ることもあるが、その代わり、少しでも甘く入ってきたときに、ひと振りで仕留める確率は半端ない。徹底的に割りきれる。これはすごいことだ。

ただ、このスタイルを貫けるのは、次の打席が与えられると確信できるレベルのレギュラーにならなくては難しい。明日どうなるかがわからない人間に、ピッチャーが見事に投げきったときの1打席は捨ててもいいつもりで行けと言うのは無理な話だ。

とはいえ、僕自身の経験でも、すべてのボールを追いかけずに、ある程度割りきって甘い球を狙うようにしたほうが好結果につながることは多かった。プロ野球は、結果が出なければ打席がもらえない。代打ならたった1打席だし、スタメンで起用されたとしても信頼されていないと途中で交代になることも多い世界。だから、ニワトリと卵ではないけれど、どちらを先とすべきか悩ましいところはある。

僕の場合、15年は以前までにやってきたスタイルから大きく変えたことを、「これをすれば打てるんだ」と念じて一貫してやってみた。その1つに、「甘い球を待つ」というのがあったわけだが、うまく結果につながったことで、「やはりこのほうがいい」とたどり着いた境地だった。もし、これで結果が出ず、コーチともコミュニケーションがうまくとれていなかったら、二軍に落ちていたかもしれない。1つの賭《か》けだった。

とにかく「結果を出すために、今の取り組みを徹底する」という強い気持ちで挑《いど》んで、それが実際に結果につながったシーズンだった。今だから白状するけれど、正直、自分のことしか考えていなかった。

その意味で、入団以来ずっとお世話になり、技術的な面でも参考にさせていただいた先輩の栗山さんには、言うなれば「恩を仇《あだ》で返す」格好になってしまった。僕はこのシーズン、1番打者として初球からでも好球必打で打ちにいったからだ。

試合序盤、1番打者は本来、相手投手に球数を投げさせて、その投球を味方に見せる役割がある。僕が初球から打って凡退した場合、チームとしては1、2番がたった2球でアウトになるリスクは避けなくてはならない。だから、2番に入ることが多かった栗山さんは初球に甘い球が来ても自重しなくてはならない場面が増えた。きっと、打率も上がらなかっただろうし、メンタル的にも冷静でいられなかったときがあったと思う。本当に負担をかけてしまった。

でも、このときの経験があったことで、後年、自分が「待たなくてはならないとき」が来ると、ためらうことなく自重できるようになっていった。それは、第3章で綴《つづ》っていきたいと思う。

メンタル面で言えば、新しいバッティングスタイルになってから、詰まったり、当たり損《そこ》ねの打球が出ても気にならなくなった。それまでは、ヒットを打ったとしても芯《しん》でとらえていなければ納得がいかないところがあった。完璧《かんぺき》主義と言えば聞こえはいい。まるですごい求道者のようだが、今思えば、許容範囲のなんと狭いことか。

でも、新しい打撃スタイルになってからは、心の持ち方がすごくラクになった。インサイドアウトにスイングするため、タイミングがズレてファウルになることは多くなったものの、いちばんいやだったグシャッと詰まらされてのセカンドゴロが大幅に減ったからだ。この最大の悩みのタネを消した心理的効果は大きかった。

しかも、詰まることを恐れなくなったメンタルは、さらなる相乗効果を生み出した。たとえ芯でとらえられずに悪い当たりのヒットであっても、「ヒットはヒット」と割りきれる思考になったのだ。

実際、プロの打者には、詰まることを嫌う人が多い。とくに速球に差し込まれると屈辱的な気持ちになるし、そのときの「押し負けた」という感触が強く残るのだ。だから、次の打席では無意識に対処しようとしてポイントをやや前に置き、早めの始動をするようになる。すると、今度はスピードの遅い変化球に体勢を崩されてしまい、相手バッテリーの術中にハマって凡退してしまうという悪循環に陥《おちい》るのである。

それが、15年からは、37ページで述べたように、グリップをボールと自分の体のあいだに入れるような考え方と打ち方になったことで、ポイントがかなりキャッチャー寄りになり、崩されにくくなった。さらに、速い球はファウルでのがれるなどして対処できるようになった。「結果に関係なく、その形ができていればいい」という考えに端《たん》を発して、当たりが悪いヒットでも納得できる思考に変わっていったのだ。いい意味で心に「遊び」ができたと言い換えてもいいだろう。

この考えに至るまでには、14年の11月に生まれた長男の影響もあった。まだ、赤ん坊だった長男の存在は、それまでの妻と2人きりだった生活にはない刺激を与えてくれた。今までご機嫌だったのがいきなり泣き出したり、さっきまで大泣きしていたのにもうキャッキャと笑っていたり。そんな日常の姿を見ていたら、会心の当たりでパチンッと打ってもピッチャーライナーになればアウトだし、グシャグシャの当たりでボテボテのゴロになっても内野安打を得られることもある。それらをすべて受け入れられるようになったのだ。

実際のところ、後年になって振り返ったとき、自分自身でさえ全打席の結果までは覚えきれるものではない。となれば、あとで大事になるのは、残された「数字」になるのだ。

その考えになってからは、芯でとらえられない打席がどれだけ続こうとも、苦にしなくなった。ヒットが出ていればOK。会心の打球を放って、野手の正面だったり好捕されたりしてアウトになったら、「きっと、次はグチャグチャのヒットが出るはず。だから、気にしなくていい」とラクな気持ちで思えるようになった。これは、僕にとって大きなことだった。

自分のバッティングを信じて徹する

ここまで述べてきた一連の打撃改造が見事にハマり、15年のシーズンは序盤から面白いようにヒットが出た。シーズン開幕戦となった3月27日のオリックス戦で、先発のブランドン・ディクソンから第2打席、第3打席と続けて二塁打を記録。いずれも、左方向に出たことが自信になった。勇気づけられたのは、前年途中から代理監督を務め、この15年から正式に指揮官になられた田邊徳雄《たなべのりお》監督が、開幕前から「今シーズンは1番でいくぞ」と言ってくれていたことだ。使ってくれるというありがたさとともに、「期待にこたえなくてはいけない」という緊張感もあわさって、精神状態としてバランスも良かったと思う。

そして、なによりも、新たな考えによる打ち方に集中する自分がいた。大げさではなく、まさに野球人生を賭けたスタイルチェンジだ。

「これでダメなら、仕方がない」

その思いが、迷いを消した。「ボールの内側をインサイドアウトで逆方向へ」というバッティングをすることだけを考え、一打席ごとに集中して挑んだ。それが功を奏したのだろう。5月と6月は、2か月連続で月間40安打を記録。それは、オリックス時代のイチローさん以来だという。実際のところを言うと、開幕から集中して打席に入っていたせいか、5月の連休明けごろは、疲れがたまって思うように体が動かなかった時期がある。それでも、数字を極端に落とすことなく乗りきって、改めて調子を取り戻しての成績だった。

「このまま打ち続ければ、シーズン238本ペースですよ」

いつだったか、そんなことを教えてもらったこともあった。ただ、「○本ペース」と聞かされても、ピンと来ない。それなら、開幕戦で3安打を打てば429本打つペースになるし、100メートル走の選手がマラソンを走ったら1時間程度でゴールする計算になってしまう。周囲の言葉には、自分の考えもつかない大切なことに気づかされることもあるけれど、「○本ペース」については気にすることはなく、以後も毎試合、ヒットを積み重ねていくことだけを考えて打席に入った。

7月に入ると、今度は連続試合安打が話題になった。日本記録は高橋慶彦《よしひこ》さん（元広島東洋カープなど）の持つ33試合。20試合連続を超え30試合に近づいてくると、報道陣の数も一気に増えた。注目されるのはありがたいことだが、いちばんは自分が塁に出て、勝利に貢献すること。そこは揺るがなかったので、「無理やりヒット狙いで打ちにいくことだけはしないようにしよう。そのうえで、新記録を達成できればいいな」という気持ちで連日試合に臨んでいた。

最終的に、連続試合安打は31で止まり、新記録達成はならず。32試合目にあたる7月14日の東北楽天戦は、先発の則本昂大《のりもとたかひろ》と4打席対戦して、ヒットを打つことができなかった。でも、試合は2対2のまま延長戦に突入したことにより、10回裏一死無走者で5打席目がめぐってきた。

ここで見事にヒットを打てれば最高だったのだろうが、僕は4打席目までと同じように出塁することだけを考え、フォアボールを選んだ。状況を考えれば、どんな形であれ出塁することが必要とされる場面だ。迷いはなかった。結局、この回、中村剛也さんがサヨナラ3ランを放ってチームが勝ったので、なおさら報われた。本来、4打席目までにヒットを打っていれば良かったこと。「まだまだ力が足りない」と気持ちを切り替えた。

翌日の試合からも気持ちを切らすことはなかった。というよりは、当時はチームが上位争いに加わっていたので、切れるはずもない。緊張感を保った中でプレーし続けたことが功を奏したのか、その後もなんとか同じペースでヒットを重ねることができた。

オールスター明けの8月初旬に2度目の「バテ」を感じてきつかった時期もあったけれど、なんとか持ちこたえ、9月13日のロッテ戦でシーズン２００安打に到達。２００安打は1番打者として、できることならクリアしたい目標だった。ただ、現実味を帯びるまでは、「先は長い。まだ、どうなるかわからない」と、自分に言い聞かせて打席に入っていた。

このときは、地元・西武プリンスドーム（現名称：メットライフドーム）で決められたことと、そして1つの区切りにたどり着けたことという2つの意味でホッとしたのを覚えている。

でも、１３１試合目で２００安打に到達し、次の打席でもう1本打っていたので、残り12試合を残して２０１安打となれば、どうしても、新記録達成へ向けて周囲の期待は高まる。シーズン安打記録は、１９９４年にオリックス時代のイチローさんが２１０安打をマークし、長いあいだ金字塔になっていたものを、10年に阪神のマートンが２１４安打に更新していた。僕がその数字にたどり着くには、残りの試合で、１試合1安打ペースを超えていかなくてはならない。

シーズンも終盤に入り、体力、気力とも厳しかったけれど、チームもクライマックスシリーズ出場がかかる3位争いの真っ最中。記録のことはあまり考えないようにして、引き続き、打席では「逆方向への意識を持って、バットに当てて出塁する」ことだけを心がけ、気力を振り絞《しぼ》った。

途中、無安打の試合も何度かあり、2試合を残して209安打という状況になった。新記録まではあと6本。正直、難しいだろうという気持ちもあったけれど、とにかく、記録のことはなるべく頭から外して打席に入るようにした。

すると、9月30日のオリックス戦で、二塁打3本、三塁打1本、単打1本の合計5安打の固め打ちができて、まずマートンの記録に並んだ。

そして、翌10月1日にも2安打を放《はな》って、ついには新記録の216安打まで積み上げた。

新記録を達成した日はメディア対応で大忙しとなり、感慨にふける余裕がなかったので、実感が湧《わ》きにくかった。そのせいか、試合後に開かれた記者会見でコメントしたように、これまでに多くの実績を積み上げてきた野球界の先輩方の上に「秋山翔吾」という名前があるのは、少し恥ずかしい気持ちだった。

新たに挑戦したバッティングが見事にハマったことが、この記録達成への大きな要因であることは間違いない。でも、それだけではここまでの成果にならなかっただろう。まず、1番打者として起用し続けてくださった田邊監督をはじめとする首脳陣の方々、そして、自

A NPB NEW RECORD
215
Hits
2015 SEASON
55 SHOGO AKIYAMA

由に打った僕のあとをフォローしてくれた栗山さんをはじめ、数多くの打席を回してくれたチームメイトには感謝の気持ちしかなかった。もちろん、声援を送り続けてくださったファンのみなさんにも後押しされた。

実を言うと、自分自身、シーズン前のいちばんの目標にしていたのは、ケガなくフルイニング出場することだけで、安打数のことを考える余裕などなかったのだ。フルイニング出場さえ果たせれば、数字はある程度ついてくるはず。まずは、不振だった14年のリベンジを果たしたいという思いが強かった。それが達成できただけでも十分だったが、シーズン安打記録までついてきたことで、この先プロ野球の世界でやっていける自信もついた。

この15年、結局、チームの成績は4位に終わった。自軍のシーズン最終戦終了時点では3位をキープしていたけれど、Aクラス争いをしていた千葉ロッテが怒涛《どとう》の連勝。まくられてしまった。クライマックスシリーズに出場できなかったことは、とても残念だった。とはいえ、僕個人としては、それまでに経験したことのない節目のシーズンとなった。以後、このときに得たものを1つの「物差し」として、さらなるバッティングを追い求めることになる。

第2章

バッティングを高める

～さらなる進化への最新テクニック～

成功した打ち方に慢心しない

２０１５年のシーズンに一から作り直したバッティング。僕にとって、それは現在もベースになっている。

でも、翌16年以降、同じようにしていればずっとヒットを打ち続けられる……というほど野球は甘くない。シーズンが変われば、対戦相手は少しずつ違うし、ずっと対戦してきた相手も新たな対策を講じてくるので常に対処方法をアップデートしていかなくてはならない。

この章では、第1章以降の16年から現在に至るまでに更新してきたバッティング技術について述べていきたい。とはいえ、僕自身、まだまだ道なかばで、技術的なことを文字にするのは実に難しいと感じている。そのため、わかりにくい表現が多少出てしまうことがあるかもしれないけれど、お許しいただけたら幸いだ。

僕は15年にシーズン最多安打の新記録を樹立したが、自分自身のバッティングが、行き着くところまで完成したとは思っていなかった。うまくいかず課題と感じたり、「もっとこうしたい」と思ったりしているポイントはいくつもあった。きっと、現役選手であるうちは、引退するまでさらなる高みを追い求めてしまうものなのだと思う。いや、そうでなければ、長年、試合に出場し続けることはできないだろう。こうした考えで取り組んでいるせいか、僕のバッティングは、毎年、シーズン中であっても試行錯誤を繰り返しながら、頻《ひん》繁《ぱん》にマイナーチェンジしている。外から見たら、「いったいどこが変わっているのか？」と思われるかもしれないけれど、フォームはもちろんのこと、待ちの姿勢や配球の考え方、ほかにも感覚的なものなどを含めたら、今と15年とは別物と言ってもいいくらいだ。

実際のところ、15年のバッティングをまったく同じように再現することは、もうできないだろう。もちろん、あのころの感覚は特別なものであり、「記録を出したときって、確か、こんな感じで打っていたよな」と、わずかに残っている手ごたえを思い出して近づけようとすることはある。あのときのバッティングは基準であり、原点という思いは今でも強いので、どうしても引っ張られてしまうのだ。

でも、実は見た目だけ近づけてもあまり意味はないし、有効とは思っていない。当時とは状況が刻一刻と違ってきているので、同じ結果にはならないだろう。そのことは重々承知しているのだが、どうしても戻ろうとする自分が時折現れる。そのときは、「あまり引きずられすぎないようにしよう」と、自分に言い聞かせることにしている。

僕は自分のプレーについて、気がついたことをノートに書き留《と》めている。技術的なことはもちろんのこと、そのときの心情なども含めて書いているが、実を言うと、あとで読み返すようなことはほとんどしていない。習慣になっているので自然と続いているけれど、本音を言うと、「そのときのことは、そのときのことだから」と思っている。それに、一度読み返してしまうと、性格的に、「そこに書いてあることが絶対に正解なんだ」と思い込んでしまうのが怖《こわ》いのだ。

でも、開かなければ見なくてすむノートとは違い、映像については、自分の意志と関係ないところで目に入る機会が生じることがある。15年当時のものを見ると、「ああ、このころは、頭をキャッチャー寄りに残してスイングしているな」とか、「バットがより内側から出ているな」と感じるところは多い。とはいえ、そういった映像は、大半がセンターにあるカメラからのもの。横からの映像ほど細かいところまでわからない。だから、今現在の自分の感覚と照らし合わせて比較するというよりは、ファン目線に近い感覚で、「あのときの俺は、こんなに難しい球を打っていたんだな」などと思いながら見ることにして、引きずられないように心がけている。

一度いい結果を出してしまうと、そのときの形に固執《こしつ》しがちになるが、打率10割を達成したわけでもない。「その先を追い求めなくなったら、選手としてはおしまい」というくらいの気持ちで、僕は毎日バッティング技術のことを考えている。

下半身の体重移動は、言葉と感覚のバランスに気をつける

バッティングは、常に好不調が波打つように繰り返される。落ち込む波をできるだけ減らして高いレベルを維持できるのが理想だが、なかなか修正方法が見つからずに苦労することは、今でもよくある。調子がとくに悪いときは、あとになって振り返ると、手の付近をやたらと意識していることが多い。構えのときの手の位置が「このへんだったかな？」と探っているようなときは深みにハマっている。とはいえ、いちばん気になりがちなところでもあるので、厄介《やっかい》だ。状態が良いとき、結果が出ているときというのは、手の位置が自然と決まっている。気がついたら理想的なところに「スッ」とおさまっている感覚だ。いや、その感覚すらなく、まさに無意識で構えていると言ってもいい。

どうすれば、そういう良い状態に戻せるか？　僕は手ではなく、「下半身のどこに『張り』感を作っているか」を意識するほうが、案外戻りが早いのではないかと考えている。

よくバッティングの仕組みを解説するときに、「始動は下半身から。それに引っ張られて上半身が回る」というような話が出ることがある。それはあくまで一般論で、僕自身は下

半身と上半身はほとんど同時スタートくらいだと感じているけれど、いずれにせよ上下のバランスは重要だ。自分のバッティングをセルフチェックするときには、上半身の動きは、ある程度自分の視界にも入るし、感覚的なイメージもしやすいので、比較的やりやすい。でも、下半身はスイングしながら自分で見ることはさすがにできないし、なにも考えていないと、感覚も残りにくい。気が緩《ゆる》むとおろそかになりがちになる。そのため、いつの間にかおかしくなっているのは、実は下半身であることが多い。だから、僕はスイングするときに、なるべく下半身に意識を置くようにしている。タイミングを修正するにあたっては、そのほうが近道ではないかと思う。

でも、下半身をベースにした体重移動については大変悩ましく、いまだに試行錯誤が続いている。左打ちの僕の場合、相手投手のモーションに合わせて軸足となる左足に一度体重を溜《た》めてから、踏み込む右足を投手側へステップする。14年までは、このときに頭も一緒に投手側へ動きがちだった。それが、シーズン216安打を記録した15年以降は、頭が軸足の上に残るようになった。ただ、ずっと残していればいい、というものでもないから難しい。

19年のキャンプ初日は、15年のときに近い形で、頭をできるだけ残すようにして打ってみた。体重移動をほとんどせず、体で投球を受けるようにして、その場で回すようにしたのだ。でも、どうもしっくりこない。そこで、映像などで確認しながら考えたあと、２日目からは変えた。頭の位置はあまり意識しないようにして、右足を踏み出して足が接地した瞬間に体を回す。というか、右足を踏み出す動きで体重が投手寄りに一度行きかけたところで、それ以上は行かないようにする。いわゆる「壁」を作る状態だ。そして、上半身だけが回ってバットが通り抜けるのを待つような感覚にしてみた。３日目以後は、さらにタイミングやバランスを微妙に変えて、納得のいくスイングの形を求めていく。このあたりは言葉で表現するのが大変難しく、どうしても感覚的な言い方になってしまう。

実際、僕は感覚的なものすべてを言語化すべきではないと思っている。言葉にするというのは、頭の中をうまく整理ができるメリットはある。でも、それは十分実感している半面、言葉による力が強すぎて、逆に感覚が縛《しば》られてしまうデメリットがあるのではないかとも危惧《きぐ》している。

体重移動もそうだが、バッティングの感覚というのは本当に難しい。自分にとってなにがベストなのか、時折わからなくなることがある。僕は自分の中に、いくつかスイングのチェックポイントをつくっている。頭が投手方向へ行かないこと、バットを内側から出すこと、ボールの軌道のライン上に合わせるような角度でバットを入れることなどがそうだ。でも、先に述べたように、それを言葉に残しておくことが絶対ではない。言葉に引きずられてこだわりすぎると、「そうでなくてはいけない」となってしまう。遊びがなくなるのだ。

例えば、「体重移動で頭を残す」ということ1つとっても、1球ごとにいろいろな思考と感覚が錯綜《さくそう》する。マシンで打っているときに、「ああ。今のは頭が残っていた。（投手方向へ）行かなくて良かったな」といういいイメージが得られたときのこと。次の球を打つときには、その感覚よりも「残っていた」という言葉のほうに引っ張られてしまい、意識が強くなりすぎて、良かったスイングのときよりも頭を残しすぎてしまうときがある。そうなると、「ああ、せっかく前のスイングではうまくできていたのに」となり、以降も良い感覚を得られないままになってしまうこともある。そのあたりの自分の中におけるバランスのコントロールや、意識づけする際の言葉のチョイスは大変難しい。体調や精神状態などによっても違ってくる。

頭については、基本的には構えたところから動かしたくないという思いがある。それを意識しすぎると、知らず知らずのうちに体が反《そ》るようになる。すると、自分が思っている感覚よりも実際にはバットが下から出てしまい、「なんでこんなにファウルばかりになるんだろう?」となることもある。逆に、「多少、頭が投手側へ流れても、ボールと自分の体のあいだに、バットを入れられるスペースさえできていれば打てる」と自分自身が迷うことなく考えられているときは、案外打ちにいけて、結果も良いときがある。とはいえ、大前提としては、頭がピッチャー寄りに動けば、相対速度によって投球がより速く見えてしまうデメリットがある。だから、ずっとそれでいいということもないのだが……。

要するに、思考は、体の動きを良くもするし、悪くもするということだろう。だから注意が必要だ。とはいえ、思考を捨てることもありえない。なんの意識もしなければ、体が理想的な動きを勝手にしてくれるなどということは、絶対にないと断言できる。たまたま反射的に打てたことがあったとしても、それは長くは続かない。だからこそ、思考のバランスをとりながら、日々スイングを調整していく。

この難しさは、きっと現役でいる限り、ずっと続くのだと思う。

軸足よりも、踏み出す足で間《ま》を作る

下半身の動きについては、ほかにも難しいところがある。それは両足の使い方だ。

まず、軸足については、足の向きやヒザの折れ方などが気になる。左打者である自分の体の向きから言うと、軸足の左足のヒザがキャッチャー方向へ開いてしまったり、体重が左の外側にかかったりするのは良くないことと考えている。この動きがほんの一瞬入るだけで、体によけいな反動がついてしまい、結果的に上半身にもその入りが伝播《でんぱ》して振り出しが遅れる。かといって、逆に軸足のヒザがピッチャー方向へ早く入ってしまうと、それがたとえスパイク半個分くらいであったとしても、踏み出す足はわずかに早くピッチャー方向に出てしまう。このバランスが大変繊細で、難しい。

よく、軸足に乗せたときにタメとか間《ま》を作るべきというような話も耳にするけれど、僕の場合はあまり軸足で粘ったりはしない。逆に上げた右足の下ろし方が少し独特で、一度、真下に近い方向に落としてから、地面から少しだけ浮いた高さで地面と平行してスライドさせるようにしている。背中側から見た場合に、「L字」を描くようなステップということになる。だから、間を作っているのは、どちらかと言えば、軸足の左足より踏み出す右足ということになる。実を言うと、自分としてはこのことを過剰に意識はしていないのだが、どうやら自然とこの動きになって、タイミングを調整しているようだ。

また、バッターボックス内における、足場の傾斜も気になるところ。遠くからだと平らに見えるかもしれないけれど、試合中は、各打者が自分向けの足場を作ろうとスパイクで掘ったり削ったりしているため、実際には凸凹《でこぼこ》になっていることが多い。僕はかかとがやや浮いた感じのつま先立ちのような状態になるのがいやで、なるべくフラットに立ちたいと思っている。少しでも下が傾いていると、踏み出す右足を上げたときのバランスが違ってしまうからだ。でも、バッティングは足の回転によってどうしてもつま先のほうから掘れていくものなので、つま先立ちになりそうなときは、かかとのほうの土をスパイクで削って、足場をしっかりと平らにしてから構えるようにしている。

足の動きについて、もう1つ。僕は投球をミートしてバットのヘッドが返っているころには踏み込んだ右足の底は早々に外側へめくれてしまう。めくれたあとは、地面から弾《はじ》けるように右足がヒザから上がって体が開いた形となり、そのまま一塁方向へ踏み出して走る体勢に移っている。踏み込む足の動きについても選手によってまちまちで、しっかりと地面を踏みしめ、足の裏が地面にベッタリと接地したまま体を回しきる者がいる。そのほうが、踏み出した足が体を回す軸の役割を果たすので、良い形であるとする考え方も存在する。

ただ、僕自身は踏み出した足が早くにめくれてしまうことについて、あまり気にしていない。内転筋《ないてんきん》が弱いのか、骨格の問題なのかは自分でもよくわからないけれど、バットを振りきるために必要なスペースを作るには、足がめくれないとかえってバットが振りきれないという感覚がある。骨盤が回って体の前面が早くに一塁ベースを向くような形になるわけだが、踏み込んだ足は打つ瞬間だけ接地していればポイントがズレることはない。そのあとに右足がめくれるのは、別に構わないと思う。

あるいは、昔から「打ったらすぐ走る」という習慣があるので、その一連の動きによるものかもしれない。決して走りながら打つような「当て逃げ」をしているつもりはないけれど、もしかしたら、グリップをボールと体のあいだに入れる15年以降の打ち方にしてから、より踏み出した足がめくれやすくなっているかもしれない。以前であれば、緩い変化球や低めに落ちる球に誘い出されて、早く投手側に体重が流されてしまったときは、踏み出した右足がベッタリと地面に着いた状態で踏みとどまり、右手を伸ばして拾えばいい、と考えていた。そのときは右足に体重が乗ったままなので、打ったあとに足がめくれることはなかった。でも、そういう打ち方に味をしめて繰り返すようになると、今度は体重が早くから投手方向へ行ってしまうクセがつく。懐《ふところ》が狭くなって、速い球や内角に食い込んでくる球に差し込まれてしまい、対応できずにセカンドゴロが多くなってしまうのだ。だからこそ、15年にグリップを先行させてボールの内側を打つスイングに改造したわけだが、そのスイングだと、多くの場合、必然的に、「バットにボールが当たってから、体が回る」形になる。それができているならば、右足の裏がめくれても別にいいだろうと思っている。

ただ、右足がめくれることを繰り返していると、靴底《くつぞこ》と革《かわ》とのつなぎ目がじきに剥《は》がれ、土が入ってきてしまう。そこで、用具メーカーの担当者さんに、右足のスパイクの先端から外側にかけて、カバーを付けてもらうようにお願いした。現在は、つなぎ目に沿って革で覆《おお》うような構造にしてもらっている。

SEIBU
SOGO

引っ張った方向へ飛ぶ「麻薬」に惑わされぬようにする

ネットなどのファンの会話の中で、こう揶揄《やゆ》されることがある。

「はい、今日、長打出たから、秋山調子悪い〜」

メディアの記事ですら、時折、同じような書き方をしているときがある。

でも、勘違いしてほしくない。なんでもかんでも、長打になったら即不調の兆《きざ》しというわけではない。センターから左方向、つまり逆方向に大きな当たりが出ているときは、なにも問題はない。少なくとも、僕はそう思っている。

逆に、外角のボールを引っ張って打って右中間に飛んだり、内角をきれいにバチンと打ってライトのポール際に打球が行く場合は、確かに不調に入る兆しの可能性がある。前述したように、僕はボールの外側を叩《たた》いて右方向へ打つクセが染《し》みついているので、こうした打球は、練習でも試合でもやろうと思えばいくらでもできる。でも、センターから逆方向へ大きな打球を放《はな》ったり、レフト方向へヒットを打ったりするには、しっかり頭と体を意識してスイングしないと難しい。この違いを認識したうえで、「どういう長打が出ているか?」をご判断いただいているのであれば、確かに好不調を推《お》し量《はか》る物差しにはなる。

逆方向に長打を打つというのは、プロであっても簡単にできることではない。単純に、「引きつけて打てばいい」という話ではないからだ。確かに、打つポイントとしては引きつけているけれど、それ以上に、ボールを長く見られて、グリップから先にバットが出てボールの内側をとらえ、しっかり押し込めているからこそ出る結果である。納得のいくスイングができているときは、逆方向に打っている頻度《ひんど》が必然的に多くなる。

ところが、ボールの外側を叩いて右方向に打球が行ってしまっているときは、14年までのセカンドゴロが多かった「したくないバッティング」をしてしまっているということになる。まあ、試合でそういう打ち方をして、結果的にヒットになった場合は、「ヒットはヒット」と気にしないようにしているけれど、やはり崩《くず》れる予兆ではある。

それ以上に怖いのは、そういう望ましくないバッティングをしたにもかかわらず、右方向へ良い打球が出てしまうときだ。打球というのは、個人差はあっても、やはり体に近いインコースの球をしっかりリストを返して打ったほうが飛距離は出る。だから、「ああ、あんなにきれいに打てるんだ」という「快感」が残ってしまうのだ。そして、それに酔うと、余韻《よいん》はなかなか消えない。野球人としてごく当たり前の「気持ち良く打ちたい」という欲は、どれだけ抑制しても働く。多少語弊《ごへい》がある言い方かもしれないけれど、この欲は「麻薬」だ。次の打席でも、ついつい「さっきの打球をもう一度打ちたい」と、無意識に再現したくなる。それを求めるようになると、僕の場合どのような結果になるのか？　それはすでに何度も述べてきたとおり。ボール1個か2個分くらい投手寄りのポイントで打つようになり、早くにリストを返してしまう。1本の長打と引き換えに、多数のセカンドゴロを生むことになるだろう。それに、引っ張ろうとすれば、その分、ボールを長く見られず、ストライクかボールかの見極めが難しくなる。

一方で、逆方向に打つときは、ヘッドスピードが最速になる前に打ってしまったり、詰まった打球がどうしても多くなったりする。だから、会心の当たりになることは少ない。でも、僕の場合はそういうスイングのほうがヒットは多くなる。この相矛盾する心理と結果の関係を見失わぬよう、常に自分を律しなくてはならない。

だから、僕は極端な話、「いかに〝気持ち悪く〟打てるか」を意識するときすらある。例えば、試合前のバッティング練習で、妙に芯《しん》でとらえすぎていて、「うわ、今日は調子がいい」と思った場合。そのまま試合に入ると、結果は伴《ともな》わない可能性が高くなる。だから、そこから、わざとメチャクチャ詰まった打球を出す練習に切り替える。普通に考えたらおかしな話だが、気持ちが高ぶらないよう戒《いまし》めなくてはならないのだ。

すべては、ヒットを数多く打つため。「麻薬」には要注意だ。

試行錯誤しながら、外角低めを打ち返す

15年から徹底するようになった「ボールの内側をインサイドアウトで叩くバッティング」は、試合前の練習で行うティー打撃でも意識するようにしている。ティー打撃というのは、近距離から下投げでトスを上げてもらい、それをネットめがけて打つ練習方法のことを言う。試合前のバッティング練習のときからスタジアム入りしたことがあるファンの方なら、バックネット付近で選手がよくやっているのを見たことがあるだろう。

トスをする人は、通常の試合と同じように投手がいる方向に立ったら打球をよけきれないから、ネットの脇から投げる。僕のような左打者に対するときは、アウトコース側、つまり、打者の正面のほうからトスするのが一般的だ。

もちろん、僕も普段はその方式で打っているが、逆側からのトスも入れてもらうようにしている。このトスは左のサイドスローの角度に近い。ボールが背中から来てアウトコースへ逃げていくような角度になる。バットを滑らせるようにして、その球をセンターから逆方向へ打ち返している。

僕は、通常の正面側からのトスのときにも、投げている人に危なくない程度の角度でなるべくセンターから逆方向へ打つようにしている。それはボールが来る方向に素直に打ち返すだけなので、比較的簡単だ。その理屈で言えば、背中側からのトスに対してもボールが来る角度に合わせて右方向へ引っ張りたくなる。でも、その気持ちを抑えて、バットを内側から入れる意識を忘れぬよう、逆方向へ打ち返す。試合前はこのイメージ作りが大切だ。普段は通常の正面側からを8割、背中側からを2割程度の割合にしているけれど、左ピッチャーが先発することがわかっているときは、逆に背中側からのトスを8割にするようにしている。

左投手が相手のときに、より数多く攻められる外角低めの投球を、レフト方向へいかにして打つか？ これは僕にとって、19年現在、いちばんの課題かもしれない。

どのような投球に対しても、基本的な考えとして逆方向へ打ち返すスタイルは変わらないけれど、内角と外角とでは打つポイントが違ってくる分、スイングの感覚も異なる。内角のボールについては、「詰まってもいいからボールの内側を叩いて、逆方向へ打ち返す」という意識を持ちながらも、最近はカウントや相手の配球パターンから内角と読んだときは引っ張りにいくことがある。でも、外角球は体から遠いため、どんなときでも引っ張るのは難しい。しかも、ホームベースの端をかすめるような際どいコースならば、ストライクかボールか見極める必要もあるので、打つポイントが自然にキャッチャー寄りになる。ボ

ールの内側を叩く意識で振れば、必然的に打球はセンターより左方向へ飛ぶだろう。

いずれにせよ、内角を引っ張るときと比べたら、遠くへ飛ばすのは難しくなる。少しでも力のある打球を打ちたいけれど、バットを押し込もうとする気持ちが強くなりすぎると、手の返りが早くなってしまう。感覚的には、前後に対してボール1個分くらい手の返りが早くなると、そのタイミングの違いでバットのヘッドが少し上がりかけたところでボールをとらえることになる。およそ、ボール3分の1分くらい上のほうをなでる感じだろうか。外角球はバットの先端に近いほうでボールをとらえるため、グリップ付近のわずかな角度の違いが大きな振り幅となって影響してしまうのだ。ボールの上をなでるようなスイングになれば、おのずと力ないゴロになりやすい。それは僕にとって、恐れている悪いバッティングの兆候でもある。

15年のころは、同じようにバットを滑らせてボールの内側を叩くにしても、「すべてファウルになってもいい」というくらいの考え方で打っていた。でも、今はそのボールをうまくとらえて打ち返したい気持ちがある。むしろ「ファウルにしたくない」「ひと振りでとらえたい」という気持ちと戦っている感じだ。だから、本来であればご法度《はっと》とされている、バットのヘッドを下げ気味にして、ボールの中心よりやや下に入れる形を模索している。

ヘッドを下げることで、ほんの少しだが手を返さない分で生じる時間の余裕、そのわずかなあいだにボールをとらえ、左方向へ力強く押し込むことができないだろうか？
外角球対策のバッティングとして、現在もそんな手探りが続いている。

反対打席側から見たバット軌道の集合体は、横向きの「8」の字となる

昔から「最短距離でスイングする」という考え方があるけれど、「なにをもって最短か？」と問われると、難しいところがある。僕は、バットのどこにボールが当たろうとも、グリップのほうからバットが入っていれば、それが「最短」だと考えている。もう少し詳しく説明すると、僕の中では、バッターを真横から見たとき、数多く、いろいろなスイングをしたとしても、その軌跡の集まりは砂時計を横に倒したような形になるとイメージしている。

バットは、高い位置からでも低い位置からでも、どこから始動してもいい。でも、体の近くを通るときには、どのスイングもほとんど同じところを通り抜けていくのが理想だ。だから、バットの軌跡の集合線は、体の付近では絶対に細くなる。そこを通り抜けてからは、個別の軌道はまちまちの方向に広がっていく。だから、砂時計を倒したような形になるのだと思う。横向きの「8」の字、または無限大の記号の「∞」などと置き換えてもいいだ

ろう（77ページの図参照）。

この砂時計のイメージと、「ボールの内側をインサイドアウトで叩く」という2つのイメージを組み合わせて、今度は真上からのスイング軌道を考えてみてほしい。すると、バットのグリップが描く軌跡は、体の近くを通るときにはスイングの半径が小さくなり、振り抜いたあとは半径が大きくなるようになるはずだ。つまり、第1章（31ページ参照）で述べた「インサイドアウトのスイング」とも理屈が一致する。

これが逆になって、体から離れてグリップが通るようだと、体付近のスイング半径が大きくなってしまう。その場合、手が早く返ってしまい、振り抜いたあとは半径が小さくなっていくだろう。いわゆる「ドアスイング」と言われている形。この軌道はあまり良くない。ボールにバットを当てられたとしても、「パチン！」と、はたくだけで終わってしまう。

僕は、たとえアベレージヒッターであっても、ボールを打つ瞬間のインパクトでは、ボールを打ち返そうとする方向へ一度バットを「ググッ」っと押し込むことが重要だと考えている。それには、バットのヘッドが返る前にボールをとらえ、押し込む力を加えてからヘッドが返るスイングが理想だ。言い方を変えると、バットとボールが密着している時間をできるだけ長くしたい。物理的にはありえないと認識しているけれど、感覚的にはそう思っている。それができないと、アウトコースは引っかけたような弱い打球しか出ないし、

スイングは、どこから始動しても、バットが体の近くを通り抜けるときは
ほとんど同じところを通過する。「砂時計を横に倒した」イメージ

インコースの場合は仮に力強く叩けたとしてもバットの返りが早くてファウルになることが多くなるだろう。もちろん、条件次第では、たまたまいい打球が出ることはあるかもしれない。でも、多種多様な投球に対応して広角に強くボールを打ち返すのは難しくなると思う。

この考えが、15年以降の自分のスイングの基本的なよりどころになっている。15年のシーズンに入るときに一から作り直したあと、年を重ねるごとにマイナーチェンジを繰り返しているけれど、芯になるところは動いていない。そのあたりの加減を言葉にして伝えるのは大変難しい。どうしても感覚的な内容になってしまうが、僕のできる表現としては、これが精一杯といったところ。なんとなくでもご理解いただけただろうか？

「秋山がまたクソ真面目《まじめ》に難しいことを」と思われたかもしれないけれど（笑）、ついてきてもらえたらうれしい限りだ。

変化球は「センターへ大きな当たりを打つ」つもりで振る

バットのグリップを先行させて、ボールの内側を叩くようにインサイドアウトで振る。基本的にはそれを目指しながらも、1シーズン143試合あるペナントレースを戦っていくうえで、応用編のようなスイングをすることも多々ある。やや抜かれた変化球などを、バットを投げ出すようにして右腕一本で拾い、それがヒットになる姿はけっこう見せていると思う。あの打ち方すべてが、配球の裏をかかれて崩されているかというと、実はそうではない。最近では、「ヒットになる」と確信して、狙《ねら》ってやっていることもあるくらいだ。

実は、ほかにも、面白い感覚の打ち方がある。僕のような左打者にとって、右投手より、やはり左投手のほうがヒットを打つのは難しい。とくに、左投手が投げる外角へ逃げていくカーブやスライダーは、カウント次第で、ある程度絞《しぼ》り込めていたとしても、曲がり際を意識しすぎるせいか、かえって難儀《なんぎ》となる。

左投手のカーブやスライダーは、ボールがリリースされると、左打者の僕にとっては、視覚的に自分に向かってくるように見える。だから、どうしても、一度、自分の体に近い側（背中であったり右半身全体など）に力が入ってしまいがちになる。そこから急激に外角へ曲がって角度的に離れていくため、バットが届かない。ボールとの距離感を合わせるのが本当に難しい。球筋とスイング軌道との接点がなくなってしまうのだ。

それが左投手に対する左打者の最大の難しさであると感じるのだが、このとき、センター方向へ大きな飛球が出るようなイメージでスイングすると、案外、右中間を割る大きな当たりが出たり、ヒットになったりすることが多い。自分が打とうと思っている打球のイメージと、実際に結果として飛んでいく打球にズレが出るのが不思議なところだ。ただ、それゆえに、すごい葛藤《かっとう》が生じる。もし、右中間ではなく、本当にイメージどおりセンターへ大きなフライを打ってしまったら、120メートル近く打球を飛ばしてセンターの頭を越さない限り、センターフライでアウトになってしまう。僕は飛ばせるタイプではないから、多くはそうなるだろう。要するに、「こう打ったらセンターフライになるんだよな」と思えるスイングをしているのだ。これは大変勇気がいる。いくら過去の経験で「そうならない」という裏づけがあるにしても、アウトになるような打ち方をしにいくのは抵抗がある。体が勝手に動いて、通常の感覚であれば、右方向へ飛ぶはずの強く引っ張るような打ち方をしてしまいがちだ。でも、その場合、相手の術中にハマって空振りになるだろう。

だから、左投手のスライダーをセンターへフライを打ちにいくこのバッティングをするときは、いつも振るか振らないかの一瞬の中で、自分に言い聞かせている。

「打ちにいくなら、『センターフライでもいいよ』という気持ちだよ。我慢だよ」

このような不思議なバッティングを覚えたのは、あるスコアラーさんから試合前にいただいたアドバイスがきっかけだった。

「アキ、スライダーをセンターの上に打つイメージで入ってみ？」

と言われたのだ。

この日は交流戦で、対戦相手は巨人。先発は、まだ現役だった杉内俊哉《としや》さん（現巨人ファーム投手コーチ）だった。

それまで、描いたことのないイメージだったので半信半疑だったが、とにかくやってみたところ、なんと打球は右中間へ飛ぶ二塁打になったのだ。このときは、塁上で「うわー、不思議！」という感じだった。以後、とくに左ピッチャーのときに、いや、右ピッチャーのときでも、曲がり系やフォークなどの落ちる系の変化球を打つ際には、意図的にこの感覚によるスイングを活用している。

変化球はセンターへ。ピッチャーの頭の上あたりに少し打球が上がるようなイメージで打つ。あくまでイメージの作り方の話だが、僕はヒットを打つための技術の一部としていいのではないかと思っている。

シーズン最多記録の２１６安打を記録した15年以降も、こうした試行錯誤はずっと続いている。いろいろと模索を繰り返しながら、うまくいったりいかなかったり……。そのときどきに応じて最善となるバッティングを、常に追い求めている。

SEIBU
SOGO

第3章

頭の中で打撃を描く

～スキルアップの戦略・メンタル術～

データを活用した絞《しぼ》り込みにより、本塁打が増える

第1章では、僕の現在のバッティング技術の基礎ができあがる過程について、第2章では、以降の応用編について述べた。この第3章では、実際に体を動かすテクニカルな部分とは離れた、頭の中で思い描く領域に踏み込もうと思う。加えて、データの活用や狙《ねら》い球の絞《しぼ》り方、苦手意識との向かい合い方など、打席に入るまでの準備についても触れておく。さらに、道具（バット）に対するこだわりなども心理的な面が影響するものとして、この「打撃に関する思考法」の章に入れることとした。

シーズン最多安打を記録した２０１５年から2年後。17年シーズンに、現在のところ自己最多の25本塁打を記録した。18年も24本。まわりからは、「以前よりも強振する場面が増えたのではないか?」と言われることがある。

でも、僕の中では大きな当たりを増やそうとして、意図的に打ち方を変えたことはない。理由として思い当たるのは、今まで経験してきた打席の蓄積で、狙い球を絞れるようになったことだろう。さすがに、「次の球でホームランを狙う」などとは思ったことはないけれ

ど、「この場面は変化球から入ってくるんじゃないか？」と考えて、割りきって狙いを絞ることができ、その結果、より思いきりのいいスイングになることが増えた。大きな当たりが飛んで、本塁打数も増えたのはそのためだと思う。

もともと、僕は、「基本はストレート待ちでの変化球対応」というタイプだ。それはベースとして今でも変わっていない。15年にシーズン最多安打を記録したころも、変化球を狙って打てるバッターではなかった。

それが少しずつ、変化球をあえて狙えるようになった。プロ入りからずっと打席に立たせてもらった数のおかげだろう。多くのピッチャーやキャッチャーと対戦し、単純に経験した「母数」がかなりのものになった。様々なケースでの配球を打席で学習し続けてきたことで、状況に応じた相手の思考を予測できるだけの蓄積がなされてきている。

チームのスコアラーが分析してくれるデータについては、それに縛《しば》られるほどではないけれど、けっこう見ている。ただ、以前はそれほど活用する余裕がなかった。ヒットを積み重ねていた15年のころも、一から作り直したバッティングでどれだけ対応できるかがメインだったので、活用しきれていなかった。データを本格的に活用するようになったのは、「これなら、それほど大崩《おおくず》れはしないでやっていけそうだ」と自分でも思えるようになった16年以降のことだ。

相手バッテリーの配球の絞り方については、伊原春樹さんが監督に就任した14年のシーズンにヒントを得たことがある。この年、僕はスタメンを外れることが多く、厳しい状況に追い込まれた。試練を与えられた格好になった。チームとしても、渡辺久信さんが監督のときとはまったく違う方針が打ち出され、驚くことがしばしばあった。ユニフォームのズボンの裾《すそ》を上げてストッキングを見せることが義務づけられた際は、ロングパンツをはいていた選手たちは当惑を隠せなかったほどだ。

でも、一方で学ぶことも多々あった。その中に、狙い球の考え方についても含まれていた。あるとき、伊原さんに、「変化球を狙って打ったことがあるか？」と聞かれた。僕はそれまで、変化球だけを狙って打ちにいったことはなかった。もちろん、頭の中に変化球のイメージを常に置いてはいるけれど、あくまでストレート狙いからの変化球打ちという待ち方だった。そう答えると、伊原さんはさらに説明した。

「来ない球種を待っていても、仕方がないだろう？　ストレートを待っていて変化球を空振りしている姿を相手が見れば、次からも変化球しか投げてこないに決まっているじゃないか。打席やカウントによっては、スライダーやフォークを狙って打ちにいけ」

それはわかる。頭の中では理解できる考え方だが、それまでは、いざ実践しようとすると、やはり割りきれなかった。変化球だけに絞って待っているときにストレートがズドンと来たら手も足も出ない。それに、「今の球を打ちにいくつもりでいれば……」と後悔し、あとに引きずってしまうのが怖《こわ》かった。

ところが、伊原さんに言われるようになってから、考え方が少しずつ変わってきた。「確かに、俺に対してストレート勝負を選択してくるのは、あまり配球のことを考えていなさそうなキャッチャーのときだけだな。普通に試合に出ているレベルのキャッチャーなら、どう考えても変化球中心に攻めてくる」

そう思うようになっていったのだ。そして、配球を読む精度が徐々に高まっていった。このときの言葉は、現在も自分の打席で生かされている。伊原さんが監督だった時期に得たものの中では、いちばん影響力があったと実感している。

相手の特徴がわかりづらい国際大会で、情報処理のコツを得る

15年秋に開催された国際大会の「世界野球プレミア12」に出場したときは、初対戦のピッチャーに対する情報処理について大変勉強になった。

この大会は、参加した12の国の代表チームを2つのグループに分けて総当たり戦を行い、

各グループ上位4チーム、全8チームによるトーナメント戦で世界一を決めるというもの。事前に対戦したことがないチームとの一発勝負になるため、当然、普段のリーグ戦とは状況が違う。それでも初打席から結果を出さなくては、勝つのは難しくなる。厳しい戦いだ。

大会前、日本代表「侍ジャパン」に合流すると、事前に収集した相手投手の映像を、チームメイトやスタッフみんなで見ながら攻略法を考える時間があった。そのときに、まず大前提となっていたのが、「相手投手がなにを投げているか?」という球種の分類についてだ。例えば、ストレートひとつとっても、人によって解釈が違っていたりする。このときの情報は、ストレートなら「140キロ~145キロの球速帯」といった感じで、少し幅を持たせた内容だった。ただ実際には、ストレートでも、球筋、角度、微妙な変化の仕方は人それぞれ。投手が10人いれば、それこそ10パターンの軌道が存在すると言っても過言ではない。そこで、僕はミーティングでの映像を見ながら、「あ、ホップするタイプではなくて、むしろ少し沈んでいるイメージだな」とか、「シュート回転が強いな」といった微妙なクセの違いをつかむように心がけた。

与えられた情報に加えてこうした個人的な細かい解釈まで考えると、球種の判別というのはひと筋縄ではいかない。

「説明ではスライダーということだったけれど、俺の感覚ではカーブに見えるな」

などと感じることは、よくある。19年のシーズン前に、『球辞苑』の「カットボール」をテーマにした放送回を見たとき、「カットボールはストレートの延長」と表現されていたけれど、僕の場合、カットボールはあくまで「曲がり球」と感じている。また、ほかにも、ある投手のチェンジアップは落ち方がフォークと同じに見えることがあったり、別の投手ではその逆だったりということもある。

要は、自分にとってどう見えるかがいちばん大事なことであり、正式な球種がなにであるかを特定することが目的ではない。だから、いかに自分の中で消化して整理しておくかが重要だと思う。

そのうえで、実際に打席に立って1球目を見逃したときに、「今のがスライダーね。ということは、これよりもう少し遅いカーブがあるということだな」というように、相手の持ち球の情報と打席での感覚を、瞬間的に照らし合わせることが大切だ。「今の球種はなんだったっけ？」ではもう遅い。2球目、3球目と瞬《また》く間《ま》に畳《たた》みかけられ、後手に回ってしまう。そうなったら、自分のバッティングができないまま、凡退してしまうだろう。一発勝負の大会では、その1打席が致命傷になることもあるのだ。

こうした情報の整理術は、もちろん、普段のペナントレースでも活用することができる。とくに有効なのが開幕直後だ。この時期は、新人や新外国人など初対戦の投手が多いだけでなく、何度も対戦しているピッチャーであっても、前年と違う球種を投げてきたり、フォームが変わっていたりすることがある。埼玉西武でずっと味方だったが、菊池雄星（現シアトル・マリナーズ）なんて、シーズン中にフォームを変えることさえあった。そんな相手に対しても、事前の情報を整理しておいて、ひと振りで仕留められれば言うことはない。

まあ、実際には本当に初ものののフォームや球種、配球に対して、毎回「ひと振りで仕留める」のは難しい。けれど、1球見ただけで、「ああ、今のボールは〇〇だったな」と認識できていればいいと思う。それが情報の基準になってくれる。

「まだ投げてないボールを隠しているんじゃないのか？　追い込まれたら投げてくるのでは？　ならば、その前に仕留めなきゃいけない」

このような感じで、対策を立てることができる。逆に、1球投げた時点で未整理のまま、「あれ？　なに今の？　そもそも、こいつの持ち球、なにがあるんだっけ？」となるのとでは、次球以降の待ち方はまったく違ってくる。

僕は、プレミア12を経て、そういう球種の「見え方」について、事前の情報と合わせて意識するようになった。本来、相手投手の球種は事前に判別しておいて、頭にしっかり入れて準備しておくのが理想だ。でも、現実的にそこまで完璧《かんぺき》ではなくても、直近の試合の相手の映像などを見て、「ああ、この球が来たときは、こうやって打てばヒットになるな」

とイメージさえできていればいい。

あるいは、初対戦の投手が相手の場合に「なんで、味方の打者がこんなにゴロを打たされているのかな?」と思ったときなど、打席に入る前に情報を整理してイメージを作っておくことも大事だ。チームメイトの様子を見ながら、「もっと下のほうを打たないとダメだな」などと対策を考えるようにしておく。状況やカウントに応じて、自分なりに仮説を立てながら打席に入る。これが経験を重ねてきたことで、できるようになった準備の姿勢だ。

こうした事前対策ができるようになってきたことを自覚するたびに、15年のプレミア12が思い出される。そして、改めて思う。「あのときの経験がすごく生きているな」と。

制約される場面が増えても、初球から打ちにいく

カウントに関する考え方として、「初球の入り」はピッチャーにとってもバッターにとっても重要だ。僕は許されるケースであれば、どのような球であっても初球から打ちにいきたいと思っている。「ファーストストライクだったら打ちにいこう」という中途半端な心づもりでは、実際には結果につながりにくい。もちろん、明らかなボール球のときには見送

ることになるが、ピッチャーがボールを指から離すところまでは、「どんなボールでも打ちにいく」という気持ちが大切だからだ。ただ、今の自分が置かれた立場を考えると、ゲーム展開によっては待たなくてはいけない。それは十分理解している。

初球から打ちにいくメリットは、仮にそこでスイングして打球が前に飛ばなくても、ただ見送るのと比較して、タイミングをとって振りにいっている分、次球以降、アジャストしやすいということがある。「今、差し込まれたな」とか、「タイミングが違っていたな」など、ひと振りした感触をもとに、修正できるのは大きい。

ただ、現在はツーシームやカット系という、小さく変化する厄介《やっかい》な球種がある。「ファウルや空振りになってもいい」というつもりで振った打球が、意図せず前に飛んでしまう。初球打ちの内野ゴロ……となると、逆にデメリットしかない。だから、初対戦のピッチャーの初球は、リスクを考えて、見ることに徹する可能性はある。

15年に２１６安打でシーズン最多安打記録を樹立したときは、前にも触れたように初球から打ちにいく姿勢を最後まで貫いた。というよりも、当時は追い込まれたときに打てる技術がないという自覚があった。それに、結果を出したいという気持ちが強かった。だから、状況に関係なくわがままを通させてもらったという言い方のほうが正しい。１番バッターは、本来、相手投手にある程度球数を投げさせる役割もあるのだが、僕は初球から打ちにいき続けた。その分、次の2番を打つ栗山巧さんがそれをフォローするために自由に打てないことも多く、迷惑をかけた。

時が過ぎて、現在は逆に僕がフォローする立場になっているので、まだ駆け出しで自分の居場所をつかまなくてはいけない選手が前を打つ場合は、「好きに打っていいよ」と言っている。そこにはやはり、僕の中で若い選手は、3年くらいはある程度自由に打って経験値を貯める必要があると考えているからだ。それをさせずに、最初からチームバッティングに徹することを求めてしまうと、初球から打ちにいく姿勢や、その準備をしておく重要性について、わからないまま年数を重ねてしまうのではないかと思うのだ。

そもそも、状況によっては、誰もが積極的に初球から打つケースはあっていい。打って塁に出たほうがいいときや、自分から仕掛けて攻略すべき場面というのは1試合の中でけっこうある。そのときのために、自分の打てるタイミングをしっかりとって、振れるボールは振る姿勢を作っておかなくてはならない。最初から受け身の姿勢ばかりでいたら、いざというときにバットが出なくなるだろう。もし、誰であってもチームバッティングを強《し》いられるときがあるとすれば、前の2人のバッターが初球打ちをして、2球で2アウトになったときくらいだ。

逆に、若いうちに自由な姿勢で打つことが許される状況を経験せずに年数を重ねてしまうと、自分が上になったとき、後輩に「好きに打っていいよ」と言うのは難しくなると思う。「俺のときには好きに打たせてもらえなかったな」と引っかかるものを心の内に持ちながら、「好きに打っていい」という言葉を出すのは心情的に苦しいはずだ。だから、僕は今でも源田壮亮《げんだそうすけ》や、外崎修汰《とのさきしゅうた》、山川穂高《ほたか》、森友哉《ともや》あたりに、「好きに打っていいよ」と言っている。彼らが自由奔放《ほんぽう》に打つことで、仮に流れが悪くなったとしても、そこは僕や栗山さん、中村剛也さんといった、経験を重ねているメンバーでフォローしようという会話をしている。そして時がたてば、源田たちもまた、後輩に好きに打たせられるだろう。

18年のライオンズはリーグ優勝という結果につながったし、荒々しく打ちまくった印象が強かった。初球から積極的に振っていって、怖さを相手ピッチャーに植えつけることはできたけれど、それでも、まだやりきれていないと思うところもあった。源田あたりも、もう1シーズンくらい、好きに打ちにいっていいし、そのあたりは賢い選手が多いので、ディスカッションしながらチームとして打線が機能すればいい。僕も好きにやらせてもらった経験があるから、その分、言えると思っている。

ただ、このような考え方になった今でも、いざ打席では、勢いに任せて「行ってしまえ！」と打ちにいったり、反射的に思わず打ってしまったりすることはある。「行ってしまえ！」というときは、もともと甘く入ってきた投球に対して準備をしているケース。スコアラーからのデータと僕の経験から来る読みも一致していて、最初からある程度狙ったうえでの決め打ちだ。だから、良い結果にならなくても、自分なりに納得がいく。一方で、反射的に打ってしまったときは、根拠がない。だから、打ったあとに、「なんでバットを出しちゃったかな……」と消化不良になることがほとんどだ。これだと次の打席以降、なんの参考にもならない。実際のところ、シーズンで数回あるかどうかというレアなケースだが、仮にヒットになったとしても、できれば避けなくてはいけないと思っている。

時には「見当打ち」をする

プロのバッターであっても、実際にはボールを最後まで見て打っているわけではなく、数メートル手前で目を切っていることが、最近の研究で解明されているという。それでも、基本的な考えとして、僕は最後までボールを見る意識を持ってスイングするようにしている。けれど、時には目で見た情報による予測ポイントとはあえて違うところを振って、ボールをバットでとらえるときもある。18年で言うと、千葉ロッテマリーンズのマイク・ボルシンガーのような、外国人でゴロを打たせようとするピッチャーを相手にそうなることが多い。

実を言うと、普通に曲がる変化球というのは、曲がり幅の大小によらず軌道が安定しているので、打者側からするとイメージしやすい部分がある。基本的には、僕らバッターが「変化した！」と認識した瞬間、先の軌道が感覚的に予測できる。それに体が対応する形だ。

ところが、ストレートに近い球速や軌道で少しだけ「動くボール」に対しては、対応の仕方が違ってくる。微妙な変化を認識することができず、あくまでもストレートを打つ感覚で振りにいってゴロになってしまっているのが実際のところだ。だから、「あれ？　なんで？」ということもしばしばある。そういうときは結果から推測して、次打席以降、自分の反応に任せて打とうとするポイントよりも少し下を振らなくては、良い打球にならない。「このへんだろう？」と「見当打ち」をするのは、そういうときだ。

これは、動くボールでゴロを打たせるタイプのピッチャーばかりに行うことでは、必ずしもない。逆に、強烈なスピンがかかったフォーシームのストレートを武器に空振りやフライを打たせるピッチャー相手であれば、自分が思っているよりも上を振らないと、術中にハマってしまう。高めは振らないなど、頭の中で整理する必要もある。

こうした「自分が予測しているポイントと違うところに、ボールが来る」ピッチャーと対戦した場合、ファーストスイングが大事になってくる。運良くファウルになれば、次球以降で調整することができるけれど、インフィールドに飛んでアウトになってしまうと、

「今の動いていたな」と思ったところで、結果がすでに出てしまっているので、あまり意味がない。ひと振り目からボールをとらえたいなら、事前に情報が得られる現代野球の環境を利用するしかないだろう。つまり、映像などを利用するのである。もし、事前に映像が見られた場合は、それで軌道をチェックする。また、そこでほかのバッターがヒットを打っているシーンや、打ち取られているシーンも参考になる。バッターの反応をもとにして、「自分が対戦した場合は、いつもより少し下を振るべきだな」といった準備をするようにしている。

ただ、そうはいっても、3割バッターでさえ、7割はアウトになっているのが野球というスポーツだ。その7割の中には、正確に振り抜いたつもりでも、タイミングやポイントがわずかにズレてしまうような、いわゆる「打ちミス」もある。

現在のピッチャーは、2段モーションも許されているし、ランナーがいなくてもクイックモーションを織り混ぜてくるなど、タイミングを外す方法を3パターンくらい持っていることが多い。だから、打つ側のタイミングやポイントをある程度崩されてしまうのは仕方のないことだと割りきっている。

もちろん、相手ピッチャーの「崩し」になすがままでは、プロ野球選手ではいられなくなってしまう。対応しなくてはならない。「見当打ち」も、その1つ。少しでもボールをとらえる精度を高めたり、崩されそうになったときに自分の悪いクセが出ないようにしたりというのは、練習を重ねることで準備している。とはいえ、天候や体調など、細かいことが作用して、うまくとらえられないときはある。それはもう、受け入れるしかない。でも、頭の中の作業も含め、努力することをやめたらおしまいだ。ヒットを打つために、少しでもミスショットがなくなるように意識をして、日々、精進《しょうじん》するしかないと考えている。

苦手な投手にも挑み続ける

何度対戦しても苦手なピッチャーは、当然いる。僕の場合は、千賀滉大《せんがこうだい》（福岡ソフトバンク）の名前が真っ先に挙がる。18年はホームランを1本打っているけれど、それでもトータルで打てている印象はまったくない。「お化けフォーク」と言われるあのフォークボールをどうやって打てばいいのか。なにしろ、落ち方がほかのピッチャーのフォークとはまったく違う。なかなか見ない軌道なのだ。

一般的なフォークというのは、ストレートに近い軌道からパンと落ちることが多く、それも簡単にはとらえられないけれど、まだ見慣れた変化なので、対応できないことはない。

でも、千賀のフォークは、リリースされたあとに一度上のほうへ浮くような感じになる。そのうえに、それから無回転の時間があると言えばいいのか……。ナックルのようにフワッとしている時間があって、それが長く感じられるのだ。だから、まず遠近感がつかみにくい。さらに、そのあととんでもない落ち幅で急落下するから、タイミングも合わせにくいし、軌道の予測も困難だ。だから、傍《はた》から見たら、「なんで、あんな手前でワンバウンドするようなボール球を振っちゃうの？」と言われるような空振りをしてしまうのだ。

かといって、ストレートに絞《しぼ》るにしても、調子が良ければ１６０キロを超えてくることもあるので、捕まえるのは難しい。それでも、攻略の基本としては、追い込まれてフォークが来る前のストレートに徹底して絞り込んでおければ、本来はもう少し高い確率でヒットが打てるはずだが……。でも、なぜか、狙っていたストレートが来て「よし！」と振れたときでも、打球が前に飛びにくいのだ。

その原因はどこにあるのか。フォークの意識が強すぎるから、ストレートを打ってもどこか差し込まれて前に飛ばないのかもしれない。そのあたりは、千賀をリードする甲斐拓也《かいたくや》をはじめとするソフトバンク捕手陣の配球に翻弄《ほんろう》されているというのもあるだろう。早いカウントでストレートを狙っているとフォークを投げてきたり、見逃そうと思っているとドスンとストレートが刺さってカウントをとられたり。

いずれにせよ、「あのピッチャーに似ている」というような前例があり、少しでも見慣れている球種であれば、まだ合わせやすい。でも、千賀が性格的に持っている「遊び心」を、いい意味でそのまま体現したかのようなあのフォークは、唯一無二《ゆいいつむに》と言っていい。１シーズンでせいぜい4〜5試合しか対戦する機会がない中で（18年は５試合）、その都度攻略するというのは、なかなか難しい。

それでも、ライオンズにとって、千賀のいるソフトバンクはパ・リーグで優勝するために倒さなくてはならない存在だ。勝負どころの直接対決では、必ずと言っていいほど彼が先発してくる。だからこそ、なんとか打とうと、常に対策を考えて挑んでいる。

苦手なピッチャーは、ほかにもいる。試合の終盤に登板してくる左のリリーフたちだ。とにかく、すべてのチームがことごとく投入してくる。そして、彼らは１試合で１人か２人の左バッターを封じるためだけに、すべてをぶつけてくる。先発サウスポー（左腕）も決して簡単ではないが、左のリリーフ投手、とくにサイドスローはさらに厳しい存在だ。

現時点でいちばんつらいのは、宮西尚生《なおき》さん（北海道日本ハム）。あと、嘉弥真新也《かやましんや》（福岡ソフトバンク）。18年は9月に決勝3ランホームランを打ったけれど、やはりキツい。高《たか》梨雄平《なしゆうへい》（東北楽天）や大学時代から対戦している松永昂大《たかひろ》（千葉ロッテ）もキツい！　オリックスも18年はサイドスローこそいなかったけれども、左の山田修義《のぶよし》がショートリリーフで毎回のように投げてきた。要するに、毎試合一度は対戦する可能性が高いので、苦手意識があってもチームの勝利のため、自分が成績を残すためには攻略しなくてはならない相手だ。

でも一方で、左ピッチャーについては面白い現象がある。「あ、今なら左ピッチャーいけるな」と思う時期があるのだ。先発している右ピッチャーが好投しているときなどは、「この右ピッチャーだったら、次の打席では左が来るほうがまだいけるな」と思えるときすらある。実際、そういう時期はヒットを打っていることが多い。だから、左が絶対的にずっといやだという感覚はない。18年の対左投手打率は3割0分3厘。もちろん、もっと打てればより良いのだが、まあ、最低限はやれたかなと思っている。

左ピッチャーの難しさは、遠近感や恐怖心にある

左ピッチャーの場合、球種は基本的にストレートとスライダーで、その曲がり幅で勝負してくるタイプが多い。右ピッチャーとのいちばんの違いは、左バッターである僕の右肩越しの方向からボールをリリースしてくるので、体に真っ直《ま す》ぐ向かってくるような見え方

になっている時間が長いところだ。自分が目で見ている状況を平面的なスクリーンで考えると、ずっと真正面でとらえているボールは横方向の動きが見えないため、ボールの大きさがわずかに大きくなってくることくらいでしか、自分に迫ってきているのがわからない。遠近感をつかむのが難しいので、突然ボールが来るように見えたり、あるいは、まだ来ていなかったりということが起きて、タイミングがとりにくいのだ。また、外角に逃げていくスライダー系の変化球のときも、途中までは自分に向かってくる角度で迫るため見分けがつきにくい。その分、手元まで来て急激に変化していく感覚に襲われる。

逆に言うと、右ピッチャーはホームベース付近に向かってくるボールの軌道を真正面からではなく、少し横から見ることができるので、球筋が見えやすい。左バッターが総じて右のサイドスローに強いのは、そのためだろう。

だからこそ、とくにワンポイントリリーフなどで出てきた左ピッチャーを打てたときは喜びも大きい。それがヒットではなく、四球であっても、勝ちだと思っている。相手が求められている仕事をさせなかったことが重要だからだ。結果としてアウトになっていなければ自信につながり、心理的な部分で、多少なりとも優位に立てる。

とはいえ、向こうも左バッターを打ち取ることでプロ野球選手として生き抜こうとしているだけに、打つのは並大抵《なみたいてい》ではない。以前は、終盤にリリーフしてくる左ピッチャーの多くは、真っ直ぐと外のスライダーが中心だった。それが最近では、近めにツーシームやシュート系のボールも投げてくる。毎回というわけではないけれど、例えば、イニングや点差にやや余裕がある状況での走者二塁などで、「コントロールミスをして死球になって、一、二塁にしてもいい」というケースがある。そういう打席で、たった1球でも内角に食い込むボールを見せられると、その印象が強く残ってしまう。別の打席のときに、「あの球がまた来るかもしれない。外角に逃げていく球を踏み込んで打ちにいったときに、自分のほうへ曲がってきたら当たるじゃん」というイメージが湧《わ》いてしまうのだ。そうなると、心の中では踏み込んで打ちにいっているつもりでも、体が反射的に尻込みしてバットが届かないということがある。ときには、相手ピッチャーのコントロールミスで、意志に関係なく内角に抜け球が来たり、強烈なシュートがかかって食い込んで来たりするときもあるけれど、今では意図的に投げてくる左ピッチャーのほうが増えてきている。

だからこそ、左バッターは体の近くに来るボールを避ける技術も大切だと思う。後述するが（第5章参照）、僕はプロ入りしてすぐに当時の土井正博ヘッド兼打撃コーチ（元近鉄バファローズ、西武など）から、「当たるなら、体の外で当たれ。（向かってくるボールに対して）内を見せるな」と、徹底して鍛えられた。左バッターの僕の場合では、右肩付近や右のお尻などにかすめるように当たるなら、大事には至らない。でも、胸や腹など体の内側に当たると、大ケガにつながる可能性が高まるからだ。

その一方で、土井さんからは、「逃げたら勝負にならんぞ」とも言われた。そう、逃げていたら、まともなスイングはできない。打てるわけがない。それを乗り越えて、左ピッチャーを打つのがレギュラーであり、打てなければ左ピッチャーのときに試合で使ってもらえなくなる。もっとも、12～13年に東北楽天で投げていたジム・ハウザーや、同時期に千葉ロッテに在籍していたウィル・レデズマなどは、左バッターに向かって踏み出すようなクロスステップだったため、「うわ～！　これは怖い」と思ったが……。まあ、そういった経験をさせてもらったことが、のちのちに生きているというのは間違いなくある。結局のところ、プロ入りしてから多くの打席にずっと立たせてもらえたおかげ、という思いも強い。

スター選手は聞き上手だが、自分が聞くときは慎重を期す

坂本勇人《はやと》（巨人）と柳田悠岐（福岡ソフトバンク）は同い年だ。高校時代、甲子園を沸かせたハンカチ王子・斎藤佑樹《ゆうき》（北海道日本ハム）や田中将大《まさひろ》（ニューヨーク・ヤンキース）も一緒なので、さしずめ「ハンカチ世代」「マーくん世代」ということになるだろうか。

坂本とは、15年のプレミア12で侍ジャパンのチームメイトになった際、バッティングの話になったことがある。このとき、実績を残してきた年数ははるかに上であるはずの彼から、僕に質問してきたのには驚いた。

「どうやって打ってんの?」

15年は、確かに僕がシーズン最多安打の日本記録を樹立した直後のことだったとはいえ、坂本には巨人で長年スター選手として活躍してきたプライドがあるはずだ。打っている姿を見て、密《ひそ》かに参考にするというならわかるけれど、本人に直接聞くとなれば、どうしても一度頭を下げてお願いしなくてはならない。にもかかわらず、坂本は自分のバッティングを追求するため、躊躇《ちゅうちょ》することなく貪欲《どんよく》に聞きに来た。これはすごいなと感服した。

そして、柳田については、おおらかというか性格というのか……。シーズン中にもかかわらず、「秋山、今どうやって打ってんの?」と聞きに来ることがある。それも僕より打率が高いときに、「俺、全然打ててないんで」とか、平然と言ってのけるのだ。首位打者を争っていたり、チーム同士が優勝争いをしていたりするときでも、あまり気にすることがないから驚く。こっちはピリピリしているときもあるというのに、あのおおらかさはある意味、うらやましい(笑)。柳田はシーズン中でもフォームをコロコロ変えていて、人から聞いたことが有効だと思うと、すぐに試しているという。

2人に共通しているのは、頭の回転が速いこと。そして、人から聞いたことを体で表現する力が優れている。そこは、正直、僕など比べものにならないなと感心するばかりだ。

このように、人から技術について聞かれたときは、とにかく、「自分はこうしている」と、思っていることをそのまま話している。僕の中では、「自分の居場所やポジションを守るために教えないというのもプロ」という考えも多少はある。昔の先輩選手たちは、「人の作り上げた技術は無形の財産だから、知りたいなら、見て盗め」というスタンスだったと聞いているが、それもありだろう。

でも、尋《たず》ねられたことに対して、そのときの自分の感覚を言葉にするというのは、実は難しい。自分で話している最中に、「あ、これ、そういえば、そうだったな」と気づかされることもある。丁寧《ていねい》に説明しようとすることで、自分の中でより中身を噛《か》み砕《くだ》くことになるので、考えを整理するいいきっかけにもなるのだ。

だから、自分の技術を人に話すことに、やりがいを感じることもある。その点ではプラスにもなるため、実際に聞かれたときには、僕は抵抗なく話している。

その一方で、僕は自分から人に尋ねにいくことはあまりしない。話をしていて、なにかのきっかけで相手が聞いてきたときに、「じゃあ、逆に聞くけど……」という展開になることはよくあるのだが。

その理由は、プライドなどではなく、別のところにある。人の持っているものを一度聞いてしまうと、「それが正解で、絶対なんだ」という解釈になりすぎてしまうきらいがあるからだ。

例えば、17年の第4回ＷＢＣ（ワールド・ベースボール・クラシック）のときに、青木宣親《のりちか》さん（当時はヒューストン・アストロズ、現東京ヤクルトスワローズ）と話をした際、「あのボール、どうやって打っているんですか？」と、流れで聞いたことがある。青木さんは、「いや、こうやって打っているんだよ」と、惜しみなく教えてくれた。すると、僕の中では、「青木さんがやっているんだから絶対なんだ。もう、そうやって打つしかないんだ」となってしまった。同じようなことはほかにも何度かあり、あとで振り返って、「けっこう、縛《しば》られていたな」と思うことも。そこは僕のダメなところだ。

おそらく、自分から話を聞きに行ける人というのは、聞いたうえでそれを形にする能力に長《た》けているのだと思う。それはつまり、情報を処理できる能力だ。自分の中で、取捨選択の基準が明確にあるのだろう。柳田は、まさにそういうタイプと言える。

ただ、僕が15年のシーズン前にゼロからバッティングを作り直したときだけは、人に聞いて取り入れることもあった。あのときは、文字どおりゼロの状態だったので、かねてから思っていたことを素直に当事者に聞いて、取り入れることができた。チームメイトの森友哉から左手のバットの握り方について聞いたときなどもそうだ（39ページ参照）。

人に聞くことは、ときに難しいときもある。でも、取捨選択がしっかりできて、しかるべきタイミングのときであれば、縛られすぎることなく、生かすことができると考えている。

人のバットは触《さわ》らない

バッティングに密接に関係するものとして、最後にバットについて触れたい。野球選手にとって、バットやグラブは自分の手足のような存在だ。プロになると、中にはミリ単位、いやコンマ1ミリ単位のサイズの違いにも敏感な選手がいる。

そういうレベルの人と比較すると、僕はプロとして道具に対するこだわりなどは、少し薄いほうかもしれない。だからといって、無頓着《むとんちゃく》とは違う。むしろ逆だ。道具を選ばないわけではないが、新しい物を使うことに対する怖さをすごく持っている。そういうタイプだ。自分が使ってみて、「これがいい」と思った物を長く使い続ける。やはり、なじみのあるほうが不安なく動くことができる。それが大きい。

僕は、基本的に人のバットには触《さわ》れない。「ほかの人のバットを借りてヒットを打った」という選手の話を聞くことはたまにあるし、僕も若いころは人のバットを借りて打席に入ることはあった。でも、今はまったくしていない。

記憶に残っているのは、浅村栄斗《ひでと》（現東北楽天）のバットを借りて打ったときくらいか。どうにもならないくらいバッティングの調子が悪くて、藁《わら》をもつかむ気持ちで借りて打席に入ったのだ。結果はヒットになったけれど、一発で折ってしまった。

柳田悠岐は、「このバット打てそう。◯◯さん、貸してください！」みたいなノリで借りて、スカーンと打ってしまうのだという。彼にとってはそれが1つの気分転換になっているのかもしれないけれど、僕からするとメチャクチャな話だ。人のバットを使うことは、確かに一時的な気分転換にはなる。でも、それを結果につなげてしまうほど器用に使いこなせない。しっかりと対応するのに、すごく時間がかかってしまうのだ。いろいろな意味において、「遊びがない人間だなあ」と自分がいやになってしまうのだが(笑)。

ただ、僕の場合、結局、いつも使っているバットに戻るしかなくなる。それに気づいたとき、人のバットを借りて打つ時間が意味をなさないと思うようになった。それならば、自分のバットで打ち続けて、どうやって対応していくかをもがくほうがいい。基本的には、まず自分のコンディションがありき。そのうえで道具がある。その両方が揃《そろ》ったところで、自分がどう体を動かすか？　そのときの体調によってどう動けるか？　そのほうが大切だと思う。自分でも頑固な性格だと自覚しているが、これは変えられそうにない。

バットの形状については、僕はプロ入りしてからずっと同じ形を使い続けている。一般的には、プロに入って最初に手にしたものを仮に「A」とすると、その後、別の選手のバットの形が気にいって、「その形で作ってください」とお願いすれば、それが「B」となる。それで言うと、僕はずっと「A」を使っている。

「A」のバットは、1年目はヘッドの部分を少しくり抜いていた。当時、打撃を指導してくださった土井正博コーチが、「お前は振れるようにならなくてはいけないから」と、まだ非力だった僕に、バットの先端をくり抜くことを薦《すす》めてくれたのだ。ある意味ごまかしだが、少しだけ軽くなるため、振り抜きやすくなる。でも、土井コーチの言葉の真意としては、「くり抜かなくても、ちゃんと振れるようになりなさいよ」ということ。実際、2年目からはくり抜くのをやめている。

そのころ、チームメイトの熊代聖人《くましろまさと》が僕が契約しているSSKのバットを使っていたことがあり、「熊代の形もいいかな?」と思って、同じものを作ってもらったことがある。それが、僕にとって「B」にあたる。さらに、中島宏之（旧登録名：裕之）さんのバットがすごく重たくて、まるで金づちのようにヘッドがきくタイプなのだが、土井さんに「これも振れるように練習しとけ」と言われて作ったのが、「C」だ。この中島さん型を最後に、新しいタイプのバットを作らなくなり、現在に至っている。

とはいえ、実際の試合で使っているのは、基本的には「Ａ」だけ。「Ｂ」は、今はもうまったく使っていない。「Ｃ」は、ティーバッティングの際に、「このくらいヘッドのきいたバットを振っておきたい」という気持ちで使っており、それ専用になっている。

感覚を変えたくないので、バットの形も変えない

「Ａ」のバットの長さは、現在33・5インチ（約85・1センチ）。バランスとしてはやや根元側のほうに重心があり、平均的な「ミドルバランス」よりも「カウンターバランス」と言われるタイプにやや近いものになっている。飛距離よりも操作性を重視した設計だ。

グリップは、一般的なものよりやや太めだろうか。少なくとも細くはないと思う。僕は指が長めなので、やや太くしている。グリップエンドは、バットの本体との極端な境目がなく、徐々に丸く仕上がっている「タイ・カップ型」。総じて、バットがしなるというよりは、ポンと出てくる感じを重視したコントロール系と言っていいだろう。

14年までは、同じ「Ａ」で、もう少し長い33・75インチ（約85・7センチ）を使っていた。なぜ、最初に33・75にしたのかはもう覚えていないけれど、シーズン最多安打を記録

した15年に、「もう、飛距離は求めないから」と少し短い33・5インチにして、その年、結果が出たので、そのまま定着した。

当初の33・75インチの「A」は、現在でもバッティング練習のときに使っている。そのときは、グリップエンドいっぱいに長く持って振る。試合前に少しだけ長いバットで「気持ち」難易度を上げて操作することで、本番ではより高い精度で振れるようにしておきたい。それが狙いだ。このわずかな長さの違いの分だけ、「練習ではしっかり振らなくてはいけない」と思える。その「しっかり振った」感覚を残して実際の試合で打席に入れれば、詰まらされそうな投球に対して、あえて詰まらせながらも押し込んでヒットゾーンへ打球を運んだり、逆にヘッドをきかせてスパッと振り抜いたりといった、瞬間的なアジャストができるのではないかと思っている。

そもそも、最初に「A」の形にしたルーツは、大学時代の終わりのほうで、プロ入りしてからも契約しているSSKに面倒を見てもらったときだった。

そのときに「このバット、振りやすいな」と思った形があって、プロに入ってから改めてSSKの担当の方に、「こういうのを使っていました」という話をした。すると、それがそのまま「A」になった……という流れだ。

といっても、大学時代は用具提供を受けるなんて、本当に最後の最後くらいの短い期間だけだった。それまではお金もないので、通信販売で売られているような安いバットを買って、普通に使っていた。中には、「なに、この形?」と思うようなものもあったけれど、気にしなかった。グリップがものすごく太いものや、同じ「タイ・カッブ型」でもエリンギのような形をしている変わったタイプもあったが、気にせず使っていた。だから、最終的に「振りやすいな」と思って使った「A」の原型となるSSKのバットも、本当の意味での振りやすさはたぶんわかっていなかったと思う。でも、ほかのバットを選ぶとか、そういう感覚がいっさいないままプロ入りし、変えることも考えなかったので、「A」を使い続けていたのが実情だ。

重心をミドルからやや根元寄りのカウンタータイプに近いものにした理由も、正直言うと、もう覚えていない。どこまで考えてそうしたのか、今となっては当時の自分に聞いてみたいくらいだ(笑)。あえて推測するならば、きっと振りきれる自信がなかったのだと思う。その後もバランスを変えなかったのは、感覚が変わって、また一からスイングを作り直すのを嫌ったからに過ぎない。

実際、中島宏之さんのバットがベースになっている「C」を試合で使うのは、今でも難しいと感じる。バットの先端部分のヘッドがきく分、その重みで体の反応にバットがついてこれず、タイミングが一瞬遅れてしまう。もちろん、このタイプをきっちりと振れるのであれば、遅れることもなく、飛距離が出るのでいいことずくめだが、僕にはとてもできそうにない。

人によってはなにかを変えることで、新たな境地を開くことがあるかもしれない。でも、僕は変えることで、新たな条件に適応させる時間や手間がもったいないと思うタイプだ。

日ごろ、やらなくてはいけないことや克服すべき課題の数は少なくしておいたほうがいい。それは、バッティングに関わることばかりではなく、普段の生活においても共通している僕のスタイルなのだろう。


バッティングについて、現時点で僕が考えてきたことは、ほぼ書き尽くしたと思う。でも、現在の僕が行き着くところまで到達したとはとても思えない。確かに、プロ野球シーズン最多安打の記録保持者ではあるけれど、自分の記録をさらに塗り替えたいと思っている。それに、本心を言えば、4割、5割、いや、全打席ですべてヒットを打つことを理想としている。その意味では、まだまだ及ばぬことが多々あると言っていいだろう。

現実的に不可能と言われようが、少しでもその領域に近づきたい。そのために、現役選手であるうちは、これからも「今以上にヒットを打つためにはどうするか？」をずっと考え続けていくと思う。

第4章

守備・走塁の信念を貫く

～派手なプレーより大切なこと～

ファインプレーより、確実性を求めて前に守る

3章続いたバッティングから離れ、第4章では守備と走塁について述べたい。テクニカルの話が多いが、メンタルに関することも多分に影響するので、随所に入ってくるだろう。前章までのバッティングについては、プロに入って、それなりの成績が残せるようになってきたという実感があった。でも、守備や走塁についてはどうだろうか。

2018年までにゴールデングラブ賞を5回受賞しているとはいえ、守備についての考えは、自分でも「まだまだ浅いな」と思うことがある。走塁については、塁上にいるときのベースランニングにはある程度自信はあるものの、「盗塁をもっと増やせないのか?」という自分に対する不満すらある。

でも、プロの現役選手として、僕が現在どのような考えで守備や走塁にアプローチしているかを、読者の方々に知ってもらう意義はあると思う。この機会に、可能な範囲でお伝えしたい。

まず、センターを守ることが圧倒的に多い外野守備から。僕がいちばんに考えているの

は、ピッチャーが「打ち取った」と思う打球を、当たり前のようにしっかりと捕球すること。そのためには、球場の風向きやフェンスに跳《は》ね返ったときの角度といった、プロの外野手なら誰でもやっているであろうチェックは当然しなくてはならない。そして、ポジショニングや打球に対する反応などを、いっそう磨いておく必要がある。

ポジショニングについては、スコアラーが出してくれる相手打者の打球傾向を示すデータも参考にするけれど、相手のスイングとピッチャーの力量とを照らし合わせて、「この方向に飛んでくるのではないか？」と推測する感覚を常に鋭くしておきたい。

もちろん、キャッチャーが構えているコースとは逆のほうへピッチャーが投げてしまう「逆球《ぎゃくだま》」や、バッターが思いもしない打ち方をして、事前に予測していたところとはまったく違うところに打球が飛ぶことも実際にはある。しかし、それでも、ピッチャーが「しまった！」と思って打球が落ちるであろうという地点を振り返ったとき、本来なら誰もいないはずなのに自分がいち早く到達していて、ダイレクトで捕球する。そんなプレーをする確率をできるだけ高くするのが理想だ。

そのためにずっと続けていることとして、僕は練習のときになるべく前に守るようにしている。外野手というのは常に視界にボールが入っているとすごくラクなので、自信がない選手ほど後ろに守ろうとする。それだと、長打を防げるという意味では安全だが、内野と外野のあいだに落ちるヒットは増えてしまう。もちろん、前方の打球に対する反応に相当な自信がある選手もいるかもしれないけれど、一般論としては例外的だ。やはり、ポテンヒットになりそうな浅い飛球は、できるだけ前に守ることがアウトにする可能性を高くすると考えている。

また、ピッチャーの立場からも、「打球を詰まらせた＝勝負に勝った」と思ったのにポトリと落ちてヒットになると、メンタル的にあとを引くことがある。むしろ、パカーンと打たれて文句なく外野の頭を越されて2ベースヒットになったときのほうが割りきれる。そんな話を投手陣から聞くこともある。ならば、1本のポテンヒットから崩《くず》れてしまう可能性をできる限り摘《つ》み取るとともに、なおかつ、後ろに飛んだ打球にも対処できれば最高だ。

もちろん、状況によって、「ここは絶対に、頭を越えられて長打にするのは避けなくてはいけない」という場面もある。そういうときは、後ろにポジショニングして回り込み、仮にヒットになったとしても不必要な進塁は許さないようにする。そこはキャッチャーを含めたバッテリーとしっかりコミュニケーションをとっておいて、前に守るのか、後ろに下がるのかを判断する必要があるだろう。とにかく、望むのはイニングごとに極力失点を抑えて、アウトを3つとるということだ。

できることなら、三者凡退でベンチに戻って、次の攻撃につなげたい。とくにビハインドの展開のときは、3人で打ち取らないと次の攻撃のリズムが出てこないと思っている。勝っているときは、長打を警戒して安全策で後ろに守るというのはありだとしても、ビハインドのときは、「よし、次の攻撃で追いつくぞ！」と勢いをつけるために3人で終わらせたい。そのために、守備においても攻めの気持ちで前に守ってラッキーヒットを潰《つぶ》したいという思いが強い。ただ、その気持ちが強すぎて、ときに前のめりになりすぎることがある。僕だけの考えでそうなってしまうのは良くないことなので、チームメイトとなるべく話をして共有しておくように務めている。

ダイビングキャッチをするような派手なプレーだけがすべてではない。ポジショニングの工夫によって難しい打球を何事もなくさばいているプレーにも、「攻撃的な守備」があることを知ってもらえたらうれしい。

瞬発的な判断やフットワークが、自らの守備範囲を広める

「少しでも前に守ってポテンヒットを減らしたい」と、たった今、述べたばかりだが、実を言うと、僕は渡辺久信監督時代から、「前の打球に弱い」とよく言われていた。横の反応

はいいが、前後がへただというのだ。それは、レフトやライトよりも、センターというポジション特有の難しさであると思う。打者を真正面から見ることになるセンターの場合、慣れないとこすった打球に反応が遅れて前に落ちてしまったり、逆に半詰まりの打球が思ったよりも飛距離が出て頭を越されてしまったりする場合もある。これも、バッティングのときに左ピッチャーのボールを目でとらえるときと同じで（102～103ページ参照）、真正面に向かって飛んでくるボールは遠近感の判断が難しいのだ。

とはいえ、「弱い」と言われるのであれば、なんとかしなくてはならない。僕の場合は、練習のときに最初からほかの人よりも前のほうに守って、ノックを受けるようにした。それによって、前方の打球に対する判断の鈍さを物理的にカバーする。そして、前に出る分、後方の打球に対する追い方をより磨くようにした。具体的には、打った瞬間に素早く落下点を予測し、できるだけ打球を見ないよう、そこへ一直線に走る。ごく当たり前のフライの追い方だが、それを徹底することで、捕球できる範囲を広げることができる。目を切ってフライを追えるようになれば、後方の打球に自信が持てるようになる。すると、より前で守れることになり、内野後方の打球をノーバウンドで拾える可能性が高まる。そういう考え方だ。

この意識を持って、僕は1年目から、当時コーチだった河田雄祐《かわだゆうすけ》さん（元広島・西武、現東京ヤクルト外野守備・走塁コーチ）のノックを、15年いっぱいでライオンズを退団して広島に移られるまでの５年間、ずっと受けてきた。

河田コーチのノックは名人芸で、とくにしっかりと振っているのにこすって前に落ちるような、実戦に則《そく》したフライを打つのが大変うまい。僕がちょっとでも後方へ反応したときには、容赦《ようしゃ》なく大きな声で叱責《しっせき》された。

実を言うと、大学時代までの僕の外野守備は、「後ろを抜かれたくない」という感覚が無意識にあって、前か後ろか瞬時にわからないときは反射的に後ろに反応してしまうところがあった。でも、プロの世界の場合、それではダメなのだ。まずは、打球判断の感覚を磨く。そして、前とわかれば、思いきって前に出る。５年間の河田さんの指導によって、ある程度、体に染《し》みついたつもりだが、いまだに試合で誤ってしまうことがあるから難しい。この判断力は現在においても、「もっと良くしていかなくてはいけない」課題として残っている。

センターの打球は、ミスして後ろに逸《そ》らしてしまうと、確実に３ベースヒットになってしまう。それに、「僕のようなずっとセンターで試合に出ている人間が後逸してはいけない」というプレッシャーもある。

それゆえに、少し弱気になると守備位置も後ろに引きがちになってしまうが、勇気をもって前で守れるように、今も一球ごとに気持ちの中で戦っている。

また、打球判断と連動して、スタートの素早さも大事な要素だ。具体的には、一歩目をどうステップするか。何年もプロでやっているが、いまだに試行錯誤が続いている。

僕は打球に備えるとき、足を左右だけでなく前後にも少し広げてやや斜めに構えている。右投げの外野手なら、左足を前に、右足を後ろにすることが一般的で、僕も普段はそうしていることが多いが、試合中にふと気づくと、それが逆になっていたりすることがある。

そもそも、どちらを前にしたほうがスタートが切りやすいのか？　いまだに、悩むことすらある。体勢にしても、股《また》を割って重心を低く構えたほうがいいのか？　あるいは、少し立ち気味に浮かせておいたほうがいいのか？　そういったことは、試合中に感じて、考えていることが多い。練習中に考えることもあるけれど、機会は少ない。そもそも、練習というのは、打球が飛んでからの動きを数多く反復して、体に感覚を覚え込ませることがおもな目的だ。むしろ、試合中のほうが、「このバッターの打球は、あっちのほうに飛びそうだな。それなら、こう構えたほうがいいかな？」などとアイディアが浮かぶことがある。そこで初めて、「ああ、俺、今悩んでいるな」と実感するのだ(笑)。怖《こわ》さを感じているからこそ、間際《まぎわ》になっても悩んでいるのだろう。

外野守備は、打球判断をどれだけ瞬時に、正確に下せるかどうか、そして、一歩目のスタートを素早く切れるかどうか。これが、守備範囲の広さを決める。こうした瞬発的な判

C
Lions

断やフットワークというのは、僕のようなアスリートだけに限ったことではなく、日常生活においても通じるものがあるかもしれない。

仲間やベンチと守備の連係をしつつも、自分の感覚は大切にする

前後の打球判断とスタートに続いて、外野守備でもう1つ、長年の課題になっていることがある。それは、ほかの野手との連係だ。現在のライオンズは、外野陣に金子侑司《ゆうじ》、木村文紀、戸川大輔《だいすけ》など、球界の中でもトップクラスの俊足が揃《そろ》っていて、守備範囲が広い。ベテランの栗山巧さんも、まだまだ足が動く。そうなると、お互いの距離感を合わせるのがかえって難しくなるのだ。とくに左中間、右中間の打球に対して、自分がどこまで捕りにいけばいいのか、まわりも俊足なだけに、打球を追うことに夢中になりすぎると衝突《しょうとつ》する危険がある。スピードが乗っているときにぶつかったら、それこそ選手生命に関わる大ケガになる可能性もある。

以前は、それほど足の速くない外国人選手が守っていたこともあったので、すべての打球に対して自分が全力で捕りにいけば、ＯＫだった。それが最近は、お互いの距離感を気に

しすぎて積極的に捕りにいけないことがある。選手の身体能力が上がったことで、かえって守備力が下がるようでは本末転倒だ。なんとしても良い方向にもっていかなくてはいけない。

ライオンズでは、野手が重なりそうになったとき、いちおう、僕（センター）が声を出したら僕が捕るという決めごとがある。誰よりもセンターが優先で、それはレフトとライトだけでなく、二遊間後方の打球についても同様だ。

でも、ある打球を僕が積極的に出ていって捕れたからといって、次の打者以降、同じ打球が飛んだときに僕以外の選手はもう捕りにいかない……というのも困る。どのポジションも、常に積極的に捕りにいくという姿勢が大前提であるべきだからだ。全員が全力で打球を追う中で、僕が瞬間的に「ＯＫ!!」と声を出せるか、自信を持って捕りにいけるかどうか。そこは練習で培《つちか》った個人の能力が最優先になるので、常に感覚を研《と》ぎ澄《す》ましておかなくてはならない。そのうえで、いろいろなポジションと絡《から》むセンターとして、コミュニケーションを大切にしながら連係していきたい。

こうした他選手との連係は、毎年、キャンプから紅白戦、オープン戦と経験していく中で、リズムを合わせてからシーズンに臨んでいる。センターが声を出したら任せるという取り決めは変わらないので、やることは一緒だ。でも、金子の守備範囲は半端なく広いし、木村も足があって積極的に捕りにきてくれるので、自分がどのラインまで捕りにいくか、あるいは任せるか、という感覚をつかんでおかなくてはいけない。一軍経験の少ない若手であれば、「そのあたりまで行けるのなら、行っちゃっていいよ」と言ってしまったほうが、思いきって行けることもある。お互いが積極性を失わずに、なおかつケガをしないように捕っていくことを考えながら、長いシーズンを乗りきる努力をずっと続けている。

最近は、バッターの特徴や状況によっては、センターの僕がどちらかに寄ってもいいのかなとも考えている。ポジショニングは、ベンチにいる佐藤友亮《ともあき》外野守備・走塁コーチからも指示が出る。相手打者の打球傾向は、カウントの変化によっても若干《じゃっかん》変わることがあるので、投球の合間《あいま》にも「もう少し、そっちに寄っていいよ」と指示が出たり、ほかの選手のポジショニングとの関係でもっと動くように指示されたりすることがある。

もちろん、僕自身も相手バッターの打球傾向のデータは目を通している。ヒットになるときのコースや、もし強振した場合にケアしておかなくてはいけない方向、さらには、落ちるボールに泳がされたときに飛ぶ場所の傾向などは押さえてある。さすがにキャッチャーの出すサインまでは遠すぎて見えないが、投げているピッチャーの調子などもふまえ、さらにはこれまでに蓄積してきた自分の経験も加えて、守る場所を変えている。

ときには、センターから見た相手バッターのスイングやファウルの打ち方などを見て判断をする。佐藤コーチの指示に、自分の考えや感覚を加味して位置を微妙に変えることもある。そうすると、佐藤コーチは僕に任せてくれるときもあれば、「いや、今のファウルでその判断は違うから」と、戻るよう指示されることもある。そのあたりは、練習中でも試合でも、佐藤コーチとよく会話をして頻繁《ひんぱん》にすり合わせているが、自分の勘どころをどうしても信じたいときは、コソコソッとまた動いているときもある(笑)。それが当たってラクに捕球できたときは、外野手としてうれしい瞬間だ。

このように、ベンチも含め、多くの人とうまく折り合いをつけつつ守ることが重要だが、とはいえ、最後は自分が培ってきた技術や体力、感覚で勝負するしかない。他者との連係と自身の研鑽《けんさん》。どちらも重要であり、バランスをうまくとることが大切だ。

外野からの返球は、あきらめぬ姿勢で向上心を持ち続ける

外野手のもう1つの華《はな》としては、返球で走者をアウトにする捕殺がある。15年は7捕殺、16年は10捕殺でパ・リーグ最多を記録した。でも、裏を返せば、ランナーやサードコーチの判断として、「秋山なら行け!」と次の塁を狙《ねら》うことが多かったから刺すことができたとも言える。その後、減少傾向になって、18年は4捕殺になったけれど、はたして相手ラン

ナーの積極的な進塁を抑止できるようになっているのかどうかは疑わしい。

自分としては、「もう少ししっかり投げられるようにならないかな?」と思っている。それは、送球動作におけるステップワークもあるが、もっと純粋に強いボールを投げられるようになりたい。現状維持ではなく、今からでも伸ばしたいという意味で……だ。

例えば、福岡ソフトバンクの上林誠知《うえばやしせいじ》やオリックスの後藤駿太《しゅんた》、リーグは違うが広島の鈴木誠也《せいや》といった強肩と言われる選手たちのスローイングのバランスを見ると、惚れ惚れ《ほぼ》するものがある。もちろん、若いときのほうが球速があるのは当然のことだし、ピッチャーであれば速球派から技巧派へ転じることもあるけれど、それを良しとはせず、もっと抗《あらが》うようなことをしていかないといけないと考えている。若い選手に負けたくないという気持ちもあるし、同期の柳田悠岐も、投げ方はともかく、あの肩で見栄《みば》えのする送球を披露《ひろう》しているからだ。要はそういった送球の「強さ」が必要なのだと思う。

僕は、右ヒジを手術したくらいなので、若いころと比べたら状態はそれほど良くはない。だからこそ、どうすればもっと強く投げられるコンディションになるのか、体のケアから投げ方、足運び、ポジショニングも含めて、無駄なく、故障もすることなくフィニッシュまでどうつなげていくかを考えながら取り組んでいる。

それにしても、本塁でのクロスプレーでキャッチャーとランナーが激しい衝突をしないようにコリジョンルールが制定されたことにより、外野から思いきってバックホームをする機会は、僕の場合はだいぶ減ったと感じている。キャッチャーが体を張ってブロックできていたころは、多少送球がズレてもなんとかしてくれる可能性があったので、ギリギリのタイミングでも思いきってホームを狙う送球をしていた。でも、それができなくなったため、より精度の高い送球をしないとアウトにするのが難しくなった。そうなると、自然と無理をしなくなる。

もともと、センターというポジションは、とくにホームで刺すという点においてはレフトやライトよりも難しいところがある。単純に、一般的な定位置がホームベースから遠いということが1つ。ほかに、例えば、1点を争うようなゲームで走者が二塁にいるとき、レフトやライトが送球に備えてやや前に出るならば、センターがその後ろをフォローしなくてはならないという理由もある。逆に、センターが前に出て、レフトやライトが後ろをケアするケースは基本的にはない。だから、距離があるセンターからバックホームで勝負するとなると、それだけ強い送球が必要だ。

実際、コリジョンルールによって、野球自体も変わってきていると思う。それは、ライオンズのような打ち合いの試合が多いチームでは、とくに顕著な傾向だ。要するに、ランナーが二塁にいても、「ここでヒットを打たれての1点はいい。失点したら攻撃で取り返す。

それよりも、後続のランナーを先の塁へ行かせないようにして、次の失点を未然に防ごう」という戦術が多くなった。そうなれば、前に守ってホームで刺そうとするフォーメーションよりも、無理せず引き気味の守備がおのずと増える。もっとも、攻撃している相手側からすると、外野が後ろに守っていれば生還の可能性は高まるので、ランナーが以前よりも思いきって三塁を回るようになった。そのため、ホームに投げる機会が逆に増えた外野手もいるかもしれないが。ただ、思いきって回すということは暴走気味のチャレンジも増える。だから、ホームで悠々《ゆうゆう》アウトになるシーンも多くなったとも感じる。

いずれにしても、外野で勝負する者として、もっと試合の流れを変えられるような送球ができるようになりたい。そうすれば、刺すだけでなく抑止力にもなる。二塁からシングルヒットでホームインを狙うとき以外にも、一塁ランナーがワンヒットで三塁へ進もうとするのを阻《はば》むことにもつながると思うので、より強い送球は、今後も自分に求めるつもりだ。

年齢や右ヒジなど、厳しい環境も確かにある。でも、1つでも手落ちや弱点になりうる部分をさらしてしまえば、容赦なく相手チームはそこを突いてくる。また、味方ベンチにしても、試合終盤になって、「秋山よりも肩のいい選手に代えようか?」となるだろう。それがプロというもの。あらゆる面において、できるだけ高いレベルを保っておくことが、長く試合に出続けるためには大事なことだと信じている。

グラブは年齢とともに変えることも考える

守備で使うグラブも重要だ。一般的に、外野手は少しでもボールに届くよう、内野手よりもはるかに大きいサイズにしている。とくにタテの長さがあるタイプが主流だが、僕はその中でもさらに長めのサイズにしている。

考え方はほかの外野手と変わらず、「たとえ数センチ、数ミリであっても、長ければ先端にボールが引っかかってくれるはず」という思いからだ。それと、人よりも指が長いほうなので、グラブが長くても操作できる自信があった。

ところが、19年からは、これまでよりも少しだけ短くしたモデルを作ってもらってトライしている。理由は、「短くしたほうが、もっと操作性が上がるのではないか？」と思うようになってきたことが1つ。実際、20代なかばのころに比べると、グラブを動かすことに多少なりとも衰えのようなものを感じているところがあるからだ。

そして、もう1つは、グラブの重さに対する意識もある。長い距離を走ってフライに追いつくためには、少しでも軽いほうがスピードが落ちずに有利になるかもしれないという考えだ。そこには、グラブの長さに頼らず、なるべく足を使って追いついて捕球する感覚を維持しておきたいという意味もある。

正直な気持ちを言えば、18年のシーズンで使っていた形のほうが馴染《なじ》んでいて不安もないので、あまり変えたくはない。でも、年齢を重ねるごとに、グラブをなにげなく見て、「やっぱ長いな」と思うようになってきている自分も確かにいる。「長い」と思うのなら、少し短いものに切り替える。そういう柔軟性も、これからの自分に欲しいな、という気持ちがあってのモデル変更だった。

グラブだけでなく、バットを含めた道具については、これからは今までよりももっとこだわったほうがいいのかなと思っている。けれど、なかなか実行できない。前述したように新しいものに馴染むまでに時間がかかるタイプなので、どうしても躊躇《ちゅうちょ》してしまうのだ。ある意味、「変えられない」というところへのこだわりが強すぎるということか。

それに、「自分には道具の微妙な違いがわからないんじゃないか？」という怖さもある。例えば、たまたま道具を変えたとき、そのときの体調も良くてうまくハマって結果が出れば、「この道具、いいな！」と思うかもしれない。でも、次に使ったときに結果にならないと、「やはり、前の形のほうが良かったな。なんでだろう？」となる。そのことで悩んで、原因や対策をずっと追いかけるよりも、「これだ」と思っているものを使い続けるほうが、

考える要素が減ってシンプルにできるだろう。道具に合わせるというわけではないけれど、同じ道具を使っていれば、逆に自分の調子を見極める「物差《ものさ》し」となる。練習や実戦のときに、「このバットのときは、このポイントで打つ」という感覚を体に覚え込ませていれば、再現はしやすい。あるいは、「このバットで以前は振れていたのだから、振れるようになるよう、今ズレているタイミングを修正する」といった調整の基準ができる。

そう考えたとき、これまで使い込んできたバットやグラブを捨ててまで新たなトライをするほどのきっかけにならないのだ。いかにも、僕の融通《ゆうずう》のきかない性格が出ているなと自覚しているけれど、年齢的にも、まだ、しばらくは同じ道具に自分の体を合わせていくスタイルでいいと思う。

ただ、将来的には道具を大きく変えるときが来るだろう。歳《とし》をとって自分が目指すべきスタイルが変わってくるようであれば、道具もそれに合ったいちばん良いものを求めなくてはならない。

基本的な考え方としては、道具は馴染んだものを使い続ける。それを使いこなせるような、体のキレやバランスを維持することがいちばんだ。でも、年齢など環境の変化によって、それが難しくなってきたと感じたときは、意固地《いこじ》にならず、新しいものを試すべきだと思う。

盗塁は思いきったスタートを切れるかどうかがすべて

ここからは、テーマを走塁に切り替えよう。

僕は、「足のある選手」と言われることが多い。確かに、走り出したらそこそこの速さがあると自負しているし、次の塁を狙う走塁についてはは多少なりとも考えているほうだとは思う。けれど、一塁から二塁が遠い。「走り出し」のところが、どうしてもうまくいかない。要するに、盗塁の数、成功率ともなかなか上げることができないでいるのだ。それは、長いプロ野球人生にまたがる大きな悩みになりつつある。そこそこ足があるのだから、スタートさえすんなりできればいい。行き着くところはその一点とわかっている。ずっと研究や練習もしている。でも、ライオンズで4年連続盗塁王を獲得したことがある大先輩の片岡治大さんや、後輩の金子侑司、源田壮亮のような盗塁王を争うレベルには到底及ばない。

スタートに関しては、どうやら僕の性格が災《わざわ》いしているらしい。「生真面目《きまじめ》すぎるからスタートが切れないんだよ」と、よく言われる。「アウトになってもいいから、行っちゃやえ！」がどうしてもできない。一歩目を出すための自分へのひと押しが足りない人間なのだ。

いちばんの原因は、やはり自信がないところにあると思う。「アウトになってもいいから」と仮に思えたとしても、すぐ次の瞬間に、「アウトのなり方にもよるだろう」と考えてしまう。アウトになったら、「なんで、そこで行っちゃうかな……」と、まわりに思われるのも怖い。とくに最近は、金子や源田、外崎のようなセンスあふれるあのクラスの足の速さを目《ま》の当たりにしているので、「もう、むやみに走れないな」と思ってしまうこともある。

あれだけ質の高い盗塁を決められる人間がチームに数多くいることで、プレッシャーになっているところはあるかもしれない。いや、人のせいにしてはいけないのだが……（笑）。

もちろん、例に挙げた金子、源田、外崎は、年齢的に僕よりもはるかに若い。アウトになろうがなにしようが、がむしゃらにプレーしていい時期だ。一方で、僕はもうそれができなくなりつつある立場だという違いはある。ただ、そんな心の言い訳も、19年の年明け早々に、シーズン50盗塁を達成したことがあり、ライオンズOBでもある解説者・秋山幸二さんと新聞の企画で対談させていただいたときに一蹴《いっしゅう》された。秋山さんはいかにも簡単そうに、サラッとこう言ったのだ。

「いいんだよ、考えないで行っちゃえば」

うわっ！　なんとハートの強い。メンタルを含めてそれくらいの能力が欲しかった、と痛切に感じた言葉だった。

とはいえ、あきらめるわけにはいかない。金子、源田、外崎の3枚に僕も1枚加われば、「盗塁ができる選手」が4枚になる。ほかに木村も十分可能性があるし、若手にも盗塁ができる選手がいるので、チームに5枚、6枚と増えれば、攻撃の幅は広がるはずだ。だから、僕も置き物になってはいけない。もう少しラクに構えて、スタートを切ろうというは思いはある。でも、そう思い続けて、もう何年だろうか(笑)。自分に対するジレンマは増すばかりだ。

最近は、盗塁に対する考え方を、金子や源田から聞くようにもしている。というか、キャンプのときなどは、彼らのほうから僕に、そうした話をしてくれる。リードしているときの構えや、力の入れどころなどについて、「秋山さん、もっとこうしたほうがいいっすよ」と、思うところを話してくれるので、きっと日ごろから僕のスタートを見てくれて、「少し改善すれば、行けそうなのに」と、気にかけ、また期待もされているということなのだろう。だから僕も、トライしたあとに、「今のどうだった？」と、遠慮せず聞くこともできる。

第3章でも触れたが、僕は自分から軽々しく技術的なアドバイスを求めることはあまりしないので、彼らのほうから話しやすい空気を作ってくれると、気分的にはかなりラクだ。ただ、いくらアドバイスを受けても、「これなら盗塁できる」と自信を持てるほどのテクニカルな手ごたえは、今のところまだ得られていない。

盗塁するために一塁ベースを離れてリードをとっているとき、僕は静止した状態で構えている。そこから、ピッチャーが打者に向かって投球動作を起こした瞬間に二塁へ走り出す。もし、投球動作を起こす前にフライングして二塁へ向かい始めたら、牽制球《けんせいきゅう》を投げられて簡単にアウトになってしまうだろう。つまり、二塁へのスタートは「静から動」へ、いかに素早く移ることができるかどうかがカギとなる。

でも、たったそれだけのことがなんと難しいことか。いや、そもそも、「静から動」という考え自体に問題があるのかもしれない。人間は、「静から動」よりも「動から動」のほうがスムーズに体が動くとも言われる。そう思って、ゆらゆらと体を左右に揺らしながら構えたこともあった。だが、それでもスタートのタイミングは合わず、「ああ、行けなかった」となることが多いのが現実だ。

19年のキャンプ中、源田からこう言われた。

「秋山さん、フェイクスタートのときはメッチャいいときがあるんすよね。でも、実際に盗塁をしたときは、残念ながら『ええ！　なんでそのタイミングで行くの⁉』というスタートでした（笑）」

その場にいた金子も、「ああ、あるある」と同調していた。フェイクスタートというのは、盗塁するつもりはないが、相手を揺さぶったり惑わせたりするために、ピッチャーのモーションに合わせて二塁へスタートをするかのように偽装するプレーのことだ。つまり、最初から盗塁するつもりがないときのスタートの形は良いときがあるということ。でも、それは当然、絶対に一塁へ戻るという気楽さがあるからできているわけで、その気持ちで本当に盗塁するときも同じスタートをするには、どこを突き詰めたらいいのか？　なにを削《そ》ぎ落として、どこに重点を置くべきなのか？　年間30盗塁以上を確実に記録している金子や源田は、僕よりも相手バッテリーのマークが厳しい中で、なぜスタートが切れるのか？　彼らとさらに深く話をして、もっともっと生かしていきたいと思っている。

　このように、盗塁を増やすための「これ」というスタートの感覚はまだ得られていない。でも、バッティングにしても最初はわからないところから始めたのだから、とにかく、あきらめずに続けることが大事。コンマ1秒でも縮めるためにも、スタートテクニックの探求に終わりはない。

相手投手の牽制やクイックは、常に研究し続ける

　金子や源田のような、状況を選ばずに盗塁できる選手に対し、相手バッテリーはなんとかアウトにすべく、あの手この手を使ってくる。金子が16年に53盗塁で盗塁王を獲《と》ったと

きなど、牽制球の数や投げ方を見ても、「こんなパターン、今まで見たことないよ」とか、「うわっ！　そんな投げ方で牽制するの？」と思うシーンが何度もあった。かく言う僕も、彼らほどではないが、びっくりするほど素早いクイックモーションで対応されるようなことは、何度も経験している。

例えば、八戸《はちのへ》大学（現在の八戸学院大学）時代に一緒にプレーした左ピッチャーの塩見《しおみ》貴洋《たかひろ》（現東北楽天）がそうだ。通常の牽制だけでなく、軸足をプレートから外してスナップスローで投げるような特殊な牽制球を入れてきたり、走りそうなカウントになると、ものすごく素早いクイックモーションをしてきたりすることがある。

右ピッチャーでは、かつてライオンズでチームメイトだった岸孝之さん（現東北楽天）や、同じく楽天勢の則本昂大、美《み》馬《ま》学《まなぶ》さんのクイックは素早い。もちろん、楽天ばかりではなく、どのチームのピッチャーも簡単ではないのだが。北海道日本ハム、オリックスでクローザーとして活躍している増井浩俊《ひろとし》さんのクイックなど、「もう、走るのは無理でしょう？」と思う。1点を争うようなゲームの最後に出てくるので、単独盗塁を狙うようなシーンはなかなかないにしても、実際、今の僕ではスタートを切ることができないだろう。

福岡ソフトバンクでは東浜巨《ひがしはまなお》のクイックの素早さが印象に残るけれど、ホークスには強肩キャッチャーの甲斐拓也がいるので、投手陣がそれほど気をつかわず投げるほうに集中できて、僕らが打ちあぐむという面もある。

元オリックスで19年からは阪神でプレーする西勇輝《ゆうき》や、ライオンズ時代に一緒にプレーした涌井秀章《わくいひであき》さん（現千葉ロッテ）は、セットから牽制球への一連の動きがメチャクチャ素早い。だから、クイックよりも牽制球に対する怖さがある。ハイレベルの牽制があるという印象が植えつけられると、ランナーはどうしてもリードが小さくなる。西や涌井さんは、それを利用してランナーを釘《くぎ》づけにしておき、バッターとの勝負に集中するタイプだ。

いずれにせよ、走れる選手が多いライオンズに対しては、どのチームのピッチャーも自分の武器をどんどん使ってくる印象がある。さらに、クイックモーションは、ランナーだけでなく、バッターにとってもタイミングがとりにくいときがあるので、厄介《やっかい》な存在だ。

もちろん、昨今はチーム全体でも、「牽制球か？　バッターへの投球か？」といったピッチャーのクセを研究はしている。そして、見つけたクセの情報はチーム内で共有している。でも、自分なりにクセをさがす作業を怠《おこた》らず、「あそこがこうなっていると、牽制。そうでなければ、ホームかも？」といった仮説を立てることは大切だと思う。

一般的にも言われるように、ピッチャーがランナーを意識するあまり、肝心要《かんじんかなめ》のバッターに対する投球がおろそかになるということは、実際にもある話。バッターにとっては、スッと甘いボールが来たり、ボール先行のカウントになって狙い球が絞《しぼ》りやすくなるなど、優位になる状況も生まれやすい。だから、ランナーが盗塁を仕掛けることはやはり重要だ。逆に、「このランナーは走ってこない」と思えば、ピッチャーにとっては緩《ゆる》い変化球や落ちる球も使いやすくなって配球の幅が広がるので、バッターにとっては攻略が難しくなるだろう。今のライオンズは打って勝つことが多いので、積極的な盗塁は打線が結果を出すためにも必要不可欠ということだ。

そのためにも、繰り返しになるが、僕はもっと盗塁ができるようになりたい。スタートの技術をつかんで、相手の研究も万全であれば、盗塁の増加はきっと実現できる。そのときが来ることを信じて、日々できることを続けることが大切だと思っている。

技術と全力疾走する気持ちが、高度なベースランニングを生む

盗塁についてはスタートの面で苦心しているが、ベースランニングそのものについては勉強を重ねていて、それなりの走りができていると思っている。

とくにベースを回るときの踏み方などは、ロスが生じないようにいろいろと意識している。ベースを蹴ってからなるべくスピードを落とすことなく小さく回るようなコースどり

というのを自分なりにつかんでいるので、二塁からシングルヒットで本塁を狙うような走塁では、ほかの選手よりもタイトに走れる自信がある。その感覚の一部を紹介したいと思う。

ベースを回るとき、「ベースの角を踏むように」とよく言われることがあるけれど、僕はそのとき同じ踏むにしても、かかと側に重心を置いて深く入るように踏んでいる。比率で言うと、8対2くらい。けっこう、かかと側だ。この蹴り方によって、一度スピードを殺して、走る方向を瞬間的に変化させるためのクッションのようにベースを利用している。二塁から三塁を回ってホームに向かう場合、スピードに乗った状態で普通に三塁ベースを蹴ると、勢いで体がファウルゾーンへ流れてしまい、走路が膨《ふく》らんでしまう。それを抑えるため、ベースへの入り方を追求した結果、今の感覚にたどり着いた。

ベースを踏む足は、最近では右でも左でも踏みやすいほうで踏む選手が増えているようだが、僕はできれば右足で踏みたい。もちろん、グラウンドコンディションや、そのときの走りで合わないときもあるので、左足になってしまうこともある。けれど、左足で踏むと右半身を回しきれずに外側へ振られる感じがあるので、理想としてはやはり右足がいい。右足だと蹴ってから左足を中に入れられる、つまり、曲がりたいほうへ向けられるので、より小さく回れるというイメージがある。

もし、数メートル手前になって、「やばい、これ（このまま走るとベースを踏む足が）左足だ」とわかったときはどうするか？　それでも、迷わず走るのが正解だ。左足でベースを踏むことで小回りのきいたターンができず、走路が多少膨らんだとしても、スピードを落とさず思いきって走れば、足の踏み替えでロスするよりは速くなるからだ。

また、日米野球やＷＢＣなどの国際大会で使用するような海外のグラウンドでの走塁も要注意。ベースが固くて薄いことが多いので、日本では使える反発力が、期待できないことがあるのだ。そのときも走路は膨らんでしまうけれど、迷わないほうがいい。大切なのは、できるだけスピードを殺さないようにすること。それを第一にして、臨機応変にプレーするように心がけている。

また、打ったあとに内野ゴロなどで一塁へ走るときは、全力疾走を怠らないことも大事だと思っている。もちろん、速い打球を打って内野手に捕球されてしまい、「うわ、これはもう無理だ」となってしまったときはあきらめてしまうこともある。でも、「あきらめずに走る」というのは、そもそもチーム内における決まりごとでもあるし、あとになって、「ちゃんと走っておけば良かった」と後悔することだけはしたくない。

それと、「グラウンドでは常に観客に見られている」という意識もある。打った打たないというときだけでなく、エラーをしたときなど、人はダメだったときの仕草のほうを見ているものだ。打ち取られたからとタラタラ走っていて、もし、送球ミスが生じたのに二塁

へ進めなかったり、ましてやアウトになってしまったりしたら……。当然、「なにをやっているんだ!!」となるだろう。

そして、いちばんの本音は、やはり前に打球が飛んだ以上、なんでもいいから「ヒットが欲しい」ということだ。全力で走ることで、相手野手に少しでもプレッシャーをかけることができたら、ボールをジャッグルして送球が遅れるかもしれない。そんな強い思いがあって、平凡なゴロのときでもあきらめずに全力で走っている。

ここまで、守備、走塁について、現在の僕がお伝えできることは述べさせてもらった。バッティングにも共通しているかもしれないけれど、どちらかというとシンプルな考え方に絞り込んでベースとなるテクニックを習得し、それを軸にして様々なケースに波及させていく。僕が取り組むスタイルをひと言で説明すれば、そういうことなのかもしれない。

もちろん、基盤となる技術をつかむこと自体、大変なことで、僕もいまだにたどり着いたという感触はない。終着点を求めて練度を高めていくには、目指し続ける強い精神力が必要だ。

僕も「いつか到達できる」と信じて求めながら、現役を続けていくのだと思っている。

第5章

強い心が成長させる

～幼少期からプロ若手時代までの軌跡～

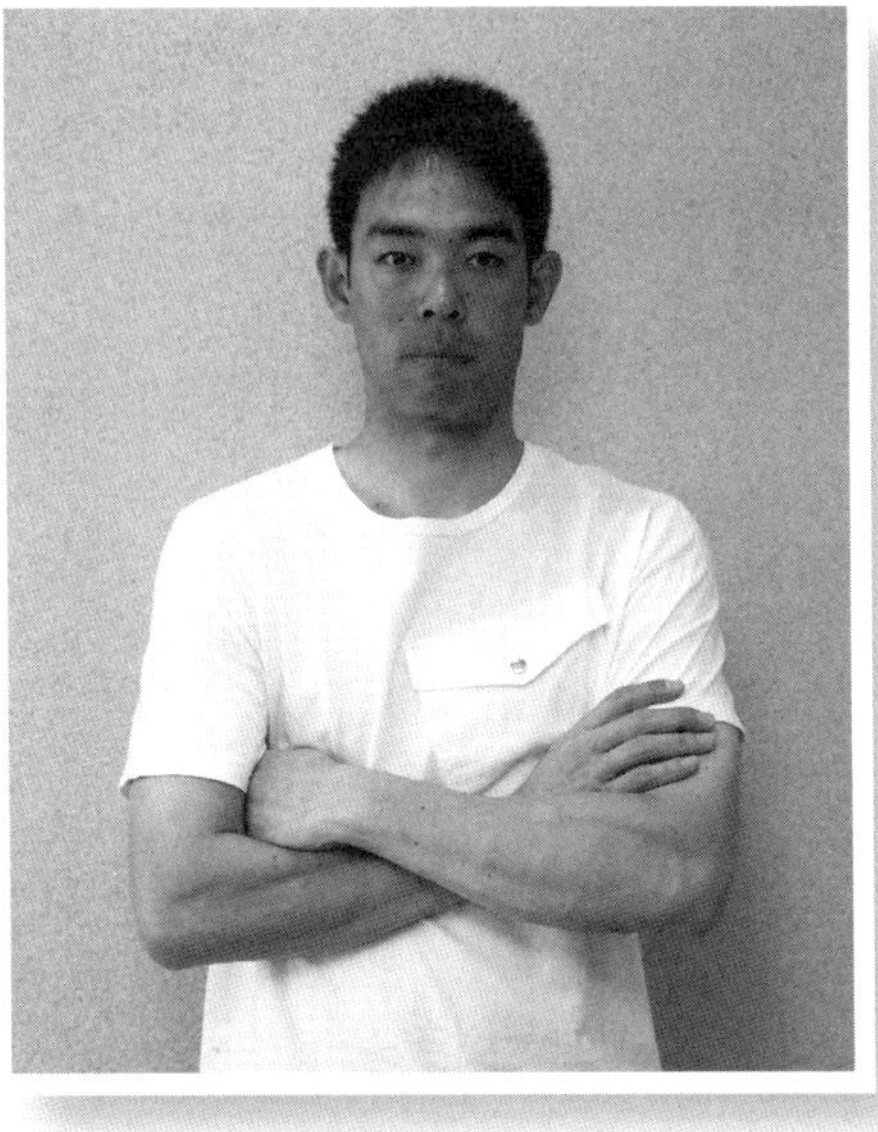

父にプロ野球選手になることを運命づけられる

第5章では、「秋山翔吾」という人間が、どのような経緯で、どういうプロ野球選手になっていったのかを紹介したいと思う。振り返るのは、幼少のころからプロでシーズン最多安打記録を樹立する前の14年まで。以降は、第1章からの流れにつながっていく。

自分自身、普段は練習や試合に明け暮れていることが多いので、原点を振り返る機会というのは貴重だ。幼少のころから大学生までのアマチュア選手時代は、おもに「心」の形成に時間を費やしていたと思う。そして、プロになってからは、「心」とともに、より本格的な「技術」を積み上げていった。

この本を読んでくださっている人に、これから紹介していく僕の「野球半生」が、少しでも響くようならば、うれしい。

僕が野球を始めたきっかけは、間違いなく父親の意志だ。

父の地元は神奈川県横須賀《よこすか》市で、追浜《おっぱま》高校の野球部出身。卒業後も草野球に勤《いそ》しむかたわら、少年野球のコーチをするなど、大変な野球好きだった。僕や2歳下の弟・拓也は生まれながらに、「将来はプロ野球選手になる」ことが課された。僕は、まだ自我も生まれる前からボールやバットが遊具として与えられ、野球が当たり前のように自分の中に入り込んでいた。野球を始めたのはいつから……というよりは、物心ついたときにはすでに野球をしていたという感覚だ。

右投げ左打ちも父の意向だった。僕のプロフィールが紹介されるときに、「小さいころ左打ちに転向した」とか、「父親によって左打ちに変えられた」とされていることがあるけれど、正確には違う。最初から「打つのはこう」と、左打ちから始めたというのが真相だ。言わば、父親による「刷り込み」である。

だから、僕にとって野球というのは、最初から「右手で投げて、左で打つもの」であり、あとから作られた左打ちではない。良かったのかどうかはわからないけれど、今、こうしてプロとしてやれているということは、そうした刷り込みが正解だったということだろう。

父は僕をプロ野球選手にするために、厳しく育てた。小学生になるとすぐ、父がチームのコーチを務める地元のソフトボールチーム「大津スネークス」に入り、１年生から６年生までプレーした。

父は少しでも時間があろうものなら、僕に「バットを振りなさい」と言っていた。でも、まだ子どもだ。試合や練習の合間《あいま》にみんなが遊んでいれば、一緒に混ざりたくなる。あるとき、その流れで一緒になって遊んでいると、僕のカバンが目の前に飛んできた。怒り心頭の父が、遠くから投げつけたのだ。そして、こう怒鳴《どな》りつけた。

「もう、帰れ！」

今であれば、息子をプロ野球選手にしたいという強い気持ちがあったからこそと、理解できる。でも、当時の僕にとっては、「なんで？」という思いしかなかった。

小さいころから整骨院のようなところへ連れていかれ、歩き方について指導を受けたこともある。小学校3年生のころには、自転車に乗ることが禁じられた。理由は、「骨盤の成長に影響が出るから」。詳しくは聞かなかったけれど、要するに成長期に自転車ばかりに乗っているとサドルの形に体が合わせるようになってしまい、ガニ股《また》になりやすくなるからというようなことだった。最近でこそ、「ガニ股のほうが力が入りやすい」と言われることもあるが、当時は「内転筋《ないてんきん》でしっかりしめる」ことがいちばん重要とされていた時代。自転車利用が禁止となった僕は、以降、自転車に乗る友だちについていくために、走るしかなかった。

これがはたして、足腰を鍛《きた》えるための訓練として現在の僕の身になっているのかどうかは正直、よくわからないけれど、おそらく鍛えられたのだと僕は信じたい。

「自転車禁止令」が出たのと同じころから、夏休み限定で横須賀市立田浦《たうら》中学校陸上部の練習にも参加させられた。母の関係で田浦中陸上部の顧問《こもん》の先生を知っていて、父が頼んだそうだ。夏休み期間の最初から最後までというわけではなく、飛び飛びでの参加だったが、朝、電車に乗って田浦まで向かう道中のあいだ、ものすごく不安だったことを覚えている。練習にいるのは体の大きい中学生だし、走り方の指導や練習は中学生の部員として考えても厳しい内容だった。それを小学生の僕がついていかねばならなかったのだから、つらかったことも多々あった。

さらに、5年生の終わりのほうだったと思うけれど、「湘南武山《しょうなんたけやま》フェニックス」という学童の軟式クラブチームに入った。小学校を卒業するまでの約1年間は、ソフトボールの大津スネークスと両立する形でプレーしていた。フェニックスは、父の会社関係の方が監督を務めていた。そのつながりで入団させてもらった格好だ。

軟式チームに入ると、父は僕にピッチャーをやらせようと思ったらしく、ピッチング練習をするようになった。でも、これだけは僕には合わなかった。肩が弱いわけではないし、投げられなくもなかったけれど、マウンドにいるとキャッチャーがやたらと小さく見えて、ものすごい孤独感に襲われる。それがいやでいやで、仕方がなかった。きっと、ピッチャーとしてのメンタリティは最初からなかったのだろう。ピッチャーになることをのがれたくて、野手として一生懸命プレーしてアピールしたのを覚えている。

ほかにも挙げればキリがない。とにかく、こうして僕は父に厳しく育てられ、同時に、野球選手として生き抜くことを運命づけられたと言っていいだろう。

父の死によって、「早く大人になりたい」と考えるようになる

子どもたちに厳しく接していた父に対し、僕はいつも恐れおののいていたわけではない。どちらかと言えば、「怖《こわ》い」より「強い」というイメージだった。

父が厳しく、怖いときというのは、そのほとんどが野球に関するときだけだった。普段から怒っているわけではないので、父を嫌いと思ったことは一度もない。こうして思い出を活字にすると、どうしても厳しかったエピソードばかりが出てきてしまうけれど、ときには僕や弟、妹を遊びに連れていってくれたこともある。また、自分の小遣《こづか》いを削《けず》って、バッティングセンターで僕と弟に打たせてくれていた。僕らをプロ野球選手にするために自分のことは二の次という情熱は、楽しかった思い出によっても感じることができた。僕らは小さいながらも、父の望みをなんとなく理解し、受け止めていたと思う。

ところが、その父は、僕が小学校6年生のときに、胃がんで突然この世を去ってしまっ

た。家族がみんな父のことを「強い人」だと思っていたので、気づけなかったところがあった。まさか、命にかかわるような病気になるなんて想像もしていなかったし、なったときも、「そんなわけがない」という思いが先に出た。

父が亡くなってから、もう19年になる。僕にとって、もちろん、つらく悲しく、言葉にできないほどの出来事だった。

でも、それ以上に母が大変なショックを受けていた。もし、母が３人の子どもの前で、虚《きょ》勢《せい》を張るようなタイプだったら、あまり心配することなく甘えてしまっていたと思う。ところが、実際にはそうではなく、母の悲しむ姿を目《ま》の当たりにした。

間近で見ていた僕は、「早く大人にならなくてはいけない」と思うようになった。これから１人で３人の子どもを育てていかなくてはならない責任を一身に背負った母を、長男として早く助けてあげられるようにならなくてはいけない、と。以降は、ただ話し相手になるだけでも少しは違うだろうと、生意気かもしれないけれど、大人の会話に入っていくようにした。それまでは父や大人に任せていたようなことも、自分からやろうとする機会が増えた。

野球においても、「父が望んでいたプロ野球選手になる」という明確な意志が芽生えるようになった。父が家族に残してくれたいちばんのものは、やはり野球だ。弟や妹も小さいころから野球やソフトボールをやっていて、普段の会話にしても、日常生活においても、家族を結びつける軸になっていた。もし、誰も野球をしていなければ、家族はどうなっていただろう？　野球がなければバラバラになっていたかもしれない。

また、こんな言い方をしていいのか迷うけれど、もし、父が生きていたら、僕も甘えたり反抗したりで、野球が嫌いになって、やめていた可能性だってある。父を亡くしたことで、プロ野球選手になることが僕にとって人生の強い制約というか、義務になった。父とすごした12年間は、プロになるため。そして現在、プロになってからも、毎年「やらなくては」と野球に打ち込む原動力になっている。

その意味においては、父の「強さ」が、僕をプロ野球選手に導いてくれた部分はあると思う。早くに亡くなったことで、その後、大変だった部分も多々あったけれど、それでも、父には大変感謝している。

より厳しい中学硬式チームに入り、自分を磨く

中学生になった2001年、硬式のクラブチーム「横浜金沢《かなざわ》シニア」に入った。このころは、僕や家族にとってはキツい期間だった。父を亡くした直後だったので、生活の基盤

を維持しながら野球に取り組むことが、まず大変だったのだ。母は平日、仕事をしているので、土日の早朝から準備をして送り出すのもつらいときが多かっただろうし、僕にとってはなにより練習が厳しかった。

でも、そのことは覚悟して、横浜金沢シニアに入団した。プロで野球をしたい。そのためには、厳しいところに自ら身を置きたいという思いがあったのだ。

実は、中学で野球をするにあたり、どのチームでプレーするか、いろいろ考えもした。地元・横須賀の硬式チームが、まず候補になる。そして、この横須賀は軟式も盛んな地域だったので、軟式のクラブチームも複数見て回った。ただ、母は車の運転ができないので、休日朝の電車の本数が少ない横須賀南部の三浦方面は難しい。最終的には、知り合いの紹介もあった横浜金沢シニアを選んだ。場所は横浜市になるけれど、距離的には近い部類で、電車に乗って通うことが可能だった。

最初に練習を見学したときに強烈に印象に残ったことも、ここに決めた理由の1つだった。練習中、監督やコーチが選手に対してかなり厳しい態度で指導していたのだ。でも、当時の僕には、「そこがいい」と思えた。父が厳しさや強さのある人物だったので、その面影《おもかげ》を重ねていたのかもしれない。

このチームでの3年間は、思ったとおり本当にキツかった。その後、弟も横浜金沢シニアに入団したので、母からすれば都合5年間となる。僕は直接聞いていないけれど、弟に「地獄だった」と後年話していたという。

練習が厳しかったのは覚悟のうえだったけれど、何時間もずっと「走っておけ」というのは日常茶飯事。あまりのスパルタに、僕も時として逃げ出したい気持ちになった。チームメイトも、早い時期に半数くらいが次々とやめていった。

それと、練習以外の厳しさも経験した。僕は横須賀から1人で横浜市金沢区の能見台《のうけんだい》にあるグラウンドに通っていたために、よそ者のような扱いを受けていた。しかも、そんな選手が先輩に混じって下級生のころから試合に出ていたのだから、いい目で見られるはずもなかった。

僕も僕で、「負けたくない」という思いがあったので、同級生のチームメイトとは一線を引いた状態になっていた。そうした人間関係も含めたキツさがあったのだ。

とはいえ、厳しい練習はずっと続いたので、3年間耐えていくうちにわだかまりも徐々に解け、ともに頑張ったという仲間意識が少しずつ生まれていった。最終的に卒団まで残ったメンバーとは、現在も付き合いが続いている。

中学時代は、必死に耐え続けた先に得るものがある、と学ぶことができた時期だったかもしれない。

中学球児ながら、甲子園よりもプロになることを望む

中学生のころは引っ張れないバッターだった。実は、小学生のころからそうで、おっつけて流すようなスイングをしては、父によく怒られていた。父はしっかり引っ張って強く打つのを理想にしていて、おっつけた打球が外野を抜けてランニングホームランになったとしても、怒られていた記憶がある。

中学生になっても、引っ張れないバッティングはあまり変わらなかった。それが振り遅れていたのか、逆方向にしっかり打った結果であったのかは、今となってはわからない。けれど、とにかく引っ張るのはへたなまま。たまに引っ張れたときは、セカンドゴロでアウトになる形が多かった。僕のバッティングの悪いクセは、このころからあったのだろうか。

覚えているのは、進塁打のための右打ちの練習をマシン相手に行ったときですら、右方向に打てなかったことだ。マシンの投球なので、決まったポイントで角度をつけて打つ面だけを合わせれば絶対に右に打てるはずなのに、それすらもできない。当時は打てる仕組みも理解していなかったというのもあるけれど、いくらやってもできず。簡単にできる子

もいたので、指導者からは、「だから、引っ張れっつってんだろ！」と怒鳴られたものだ。ちなみに、僕は中学時代にホームランを打ったことはない。野手のあいだを痛烈に抜けてヒットになるような強い打球を打てる雰囲気もまったくなかった。

足の速さについても、中学生のころは、「速そうに見えるが、そこまでは……」という程度だった。というか、僕はずっとそのような感じだと思う。人よりも特別に速かった時期はいつのころだっただろうか。もちろん、負けたくないと思って、いつも走っている。でも、僕より速い選手は現実的にはたくさんいた。そんな選手たちの背中を見ながら、必死についていこうと追いかけて、今がある感じだ。

中学まではそんな程度だった僕だが、横浜金沢シニアでプレーをまっとうしたことは、人生の大きな分岐点になった。それは間違いない。

亡くなった父の生前のビジョンとしては、僕は地元の中学校の野球部に入り、夜や仕事休みのときに父自身が僕の面倒を見ながら選手として育てていく……という構想があったらしい。それが叶《かな》わぬ夢となり、父の面影を追うように選手を厳しく育てる横浜金沢シニアに入ったことで、横浜創学館《そうがくかん》高等学校への縁《えん》につながり、横浜創学館では八戸大学（現在の八戸学院大学）に進むきっかけにまでなった。さらには、そこから埼玉西武ライオンズ入団に至ったことを考えれば、横浜金沢シニアでプレーしなければ、プロへの道がひらけたかどうかはわからない。

とはいえ、中学時代は、高校に進学するにあたって、「野球は中学まででやめようか？」と思った時期もあった。僕はもともと、プロを目指すために野球をしていた。１年生のころにチーム全員が集まってコーチから指導されたことがあったとき、「お前ら、甲子園を目指しているんだろう？　そんなんで、本当に行けると思っているのか？　今やっている夏の甲子園の試合、見ているか？」と言われることがあった。でも、僕は返事ができなかった。なぜなら、「プロになりたい」という発想しかなかったからだ。別に、「甲子園に行きたくない」とまでは思わなかったけれど、目指しているのは「そこじゃないから」という気持ちがあった。

でも、先輩たちの代がシニアの全国大会に出場していた中で、プロになろうと思っている僕が、学年は下であってもそのチームのレギュラーにもなれないのに、そんなことを思うべきではないのではないか？　と考えてしまった。プロになるには漠然《ばくぜん》と私立の強豪高校へ進まなくてはならないという感覚もあり、父の死後、母の手ひとつで育てられていた僕の家庭環境を考えたら、特待生で入学できるくらいでなければ行くのは難しい。ならば、勉強が苦手というほどではなかったので、プロの道はきっぱりあきらめて、公立高校で勉強するのも悪くないという気持ちが芽生えたこともあった。

最終的には、運良く横浜創学館から特待生として入れていただけるという話が来たので、

「地理的にも家から通うことができるし、母に経済的な負担をかけずに私立で野球を続けられる」と思い、迷うことなく進学を決めることができた。でも、それがなければどうなっていたことか。ほかにもいくつか話があった私立の高校は、特待生ということまでは明確に示されていなかったので、おそらく私立への進学は断念せざるをえなかっただろう。

プロになりたい。今振り返ると、その意志を持ち続けたことで、運良くその道筋がひらけていったのかもしれない。

高校時代は1人で突っ走る

選択の余地などなく04年に進学した横浜創学館は、19年現在も春夏通じて甲子園に出場した経験がない高校だ。でも、「夏の甲子園」と呼ばれる全国高等学校選手権の神奈川大会では決勝に進出したこともあり、ベスト8、ベスト4までは何度も勝ち進んでいる。僕が入学したときは、横浜金沢シニアで全国大会に出場したときのメンバーが2人プレーしていた（2人とも僕より2学年上）。そのうちの1人は、中学時代はキャプテンを務めていて、横浜創学館では1年生からレギュラーで試合に出場していた。また、もう1人は、僕と同い年のチームメイトのお兄さんで、この人もけっこう試合に出ていた。中学時代、全国大会にも出場した経験のある身近な先輩が主力としてプレーしていたので、入学当初は漠然と「ここは甲子園を目指せる高校だ」というイメージを持っていた。

でも、実際のところ、卒業して俯瞰《ふかん》するようになると、よくわかる。現在の状況をもってしても、横浜創学館が甲子園の土を踏む日はまだまだ遠いだろう、と。19年までに、夏の神奈川県大会や秋の関東大会で惜しいところまでは勝ち進んでいるとはいえ、甲子園にたどり着いている実績豊富な高校と比較したら大きな差がある。そのことは、僕も入学以降、徐々に感じた。僕は3年生のときにキャプテンになったけれど、野球部全体の意識の持ち方に対して、「本当に本気で甲子園を目指しているのか？」と何度も思った。

僕はあくまで、「プロになりたい。そのために、野球の強い私立の高校に来たんだ」という思いが強かった。特待生で入っているという部分もあったので、高校ではとにかく練習した。横浜創学館は県内の野球強豪校とはいえ、学校の授業はほかの生徒と同じようにしっかり受けてから練習をしていた。また、設備が充実しているというほどではない。専用グラウンドはあるけれど、学校からは数キロ離れているので、放課後になると毎日走ってグラウンドへ向かっていた。日が落ちたあとにまともなプレーができるレベルの照明はなく、室内練習場やウエイトトレーニングができる施設もなかった。

とはいえ、僕はそのような状況下でもなんとかしたいという気持ちがあった。だから、とにかく通常の全体練習に加えて、個人練習で量を確保する努力をした。できることに限りはあったけれど、全体練習が終わったあともグラウンドに残り、わずかな照明のもとでティーバッティングをしたり、それが無理ならバットを振ったりした。学校の敷地にも簡単な練習であればできる場所があったので、朝練もしていた。とにかく、「高校で頑張れば、プロに行けるチャンスはある」という思いで、3年間取り組んだ。

こうした僕の姿勢は、野球部の中では多少浮いていたと思う。キャプテンとして、「なんでついてこないんだ？」という傲慢《ごうまん》さも当時はあった。

「みんな、甲子園を目指して横浜創学館の野球部に入ってきたんだろう？　そうでないなら、なんのために野球をやっているんだ？」

そういう気持ちがあるので、僕は通常の全体練習ではとても満足ができなかったわけだが、そこはやはり高校生。チームメイトには、「早く練習終わらせて帰りてぇ」と思う選手もいた。そういうグループは、自然と僕とは距離ができていった。

ただ、全体としてはあまりついてきてくれない雰囲気の中にも、野球好きのコミュニティーのようなものが自然発生して、僕と同じ時間、練習に付き合ってくれるメンバーが10数人いたのは救いであり、有意義だった。もし、自分1人しかいなかったら、きっと続かなかっただろう。通常、夕方16時過ぎから始まる全体練習は、19時半ごろに一度終了となるけれど、その後の自主練習はいつも20時半から21時ごろまで行い、21時半ごろに帰宅の途《と》につく流れで続けた。

こうした自分でやる練習が、現在の自分にとって、どこまで身になっているかは正直わからない。当時は今ほど練習方法の情報などが得られなかった時代だったので、できることはバットを振ることのほかに、ランニングなどの持久系くらいしかなかった。ただ、「苦しいときに喜んでやるくらいでないと、身につかない」という思いがあった。人よりも量をやらないとプロになれないという自覚が芽生えたのもこのころからであり、自分を鼓舞《こぶ》しながら前向きにとらえて練習に取り組んだ姿勢は、その後に生きていると思っている。

プロになるために地方の強豪大学へ進む

高校最後の夏となった06年の神奈川県大会は、準々決勝で横浜高校に敗れ、結局、僕は甲子園の土を踏むことがないまま、高校野球を終えた。

でも、運の良いことに、野球雑誌のドラフト候補の中には僕の名前が掲載されるようになっていた。何百人ものリストの中の1人に過ぎなかったが、見てくれる人がいるのだなと思うだけで励《はげ》みになっていた。

秋のドラフト会議を前にして、少しでも可能性があるならばと、プロ志望届を提出した。でも、残念ながら指名はなかった。

プロから指名されなければ大学でプレーするつもりでいたけれど、いくつか話をいただいた中で、ドラフト会議の結果が出るまで待ってくれる大学は2つしかなく、僕はそのうちの1つ、青森県の八戸大学へ進むことに決めた。

当時、八戸大学の監督だった藤木豊さん（現・明秀学園日立高校コーチ）とは、面識があった。横浜創学館が山梨県へ遠征して試合を行ったときに、一度、見に来てくださったのだ。

その試合では、少々うろ覚えだが、こんなプレーがあった。僕は一、二塁のときの一塁ランナーで、キャッチャーが投球を弾《はじ》いた際に二塁ランナーが隙《すき》をついて三塁に進んだ。でも、僕はその動きについていけず、スタートが遅れて二塁でアウトになってしまった。

試合後、横浜創学館の森田誠一監督から藤木さんを紹介されて挨拶《あいさつ》をすると、藤木さんのひと言めは、「あの走塁はないよな」だった。そのとき、「うわ、見ているなぁ」と思い、ドキッとした。同時に、自分の野球観を最初からハッキリと言ってくれる人だな、とも思った。自身の指導する大学野球部に入ってくれるかもしれない選手に会ったら、最初は良い印象を与えようとする人のほうが多いだろう。ほかの良かったプレーを例に挙げて、僕を持ち上げようと思えばできたはずだ。

でも藤木さんは、構うことなくいきなり厳しい指摘をされた。僕にとってはセンセーショナルな出会いとなり、それが脳裏《のうり》に焼きついていた。

また、八戸大学には、横浜創学館の1学年先輩でキャプテンだった人が進んでいたことも、気持ちのうえで後押しになった。さらに、５歳先輩で、当時、横浜（現横浜DeNA）ベイスターズでプレーしていた内藤雄太《ゆうた》さんも八戸大学の出身で、しかも、僕と同じ右投げ左打ちの外野手。八戸大学の環境や指導は僕にも合うのではないか？　そう思えた。

そのうえ、特待生として入学させてもらえるという話も大きなウエイトを占めた。大学に進む時点で、母には大きな負担をかけてしまう。少しでもその負担を減らす形で野球をしたいという思いは強かった。あとになって思うと、寮費や遠征費、帰省する際の交通費などが馬鹿にならず、自宅から通える東京や神奈川県内の大学のほうが、お金がかからなかったのかもしれないのだが……。でも、当時はそこまで考えが至らなかった。

とにかく、大学へ進むチャンスを得られたことは、大きな励みとなった。

「大学でこそプロへ」

その思いを胸に、迷うことなく新天地へ向かった。

大学時代に、高い志《こころざし》を持つ仲間に恵まれる

07年からの八戸大学での4年間は、選手としていちばん自分の伸びしろを感じながら成長することができた期間だった。

青森県なので、関東に比べたら当然寒い。八戸市は、青森市や弘前《ひろさき》市と比べたら、まだ太平洋側なので雪は少ないほうだが、それでも積もるときはあるし、地面が凍《こお》ることも多かった。でも、それは野球をするのに大きな障害にはならなかった。

逆に田舎《いなか》で遊びに行くところがほとんどない環境だったことで、野球に専念することができた。もとより、八戸まで来て遊んでいるようでは、「いったいなにをするために来たのか?」という強い思いがある。仕送りはもらっていたけれど、お金を使うことに関してはやはり慎重になってしまい、小遣《こづか》い帳をつけていた。「毎月使うのは1万円まで」というルールを自分に課すようにした。母は仕送り以外にも、レトルト食品などいろいろなものを送ってくれていたので、その分、よけいに負担をかけてしまっていたと思う。

寮の食事は、基本的に三食出ていた。でも、休みで出ないこともある。そういうときや、

量が足りないときは、送ってもらったものでなんとかしていたので、生活に困ることはほとんどなく、助かっていた。

　大学の敷地は、八戸駅よりもむしろ岩手県との県境のほうが近いくらいの場所だった。どこかへ行こうとするにも、自動車の所持は禁止。本数の少ないバスに乗るか、タクシーを呼んで何千円もかけていくしかない。だから、勇気を出して自転車を買った。これが大学時代で最も高価な買い物だったと思う（笑）。これに乗り、リュックサックを背負って、スーパーへ買い出しに行っていた。19年初頭の自主トレの際に八戸大学の後輩に手伝ってもらったときに当時の話をしたら、「今はそんな人いません」ということだったが……。

　肝心《かんじん》の野球のほうはというと、やはり藤木監督の指導に心打たれるものが多々あった。

「お前、なんのためにやっているんだ？　プロになるためだろう？」

「それは、プロになるための打ち方じゃないな」

　僕が「プロになりたい」という思いで入ってきたことをわかっていたので、練習中にかけてもらう言葉ひとつとっても、こうしたプロを意識させるようなものが多かった。

　藤木監督ご自身は、全日本大学野球選手権で過去３度優勝してプロ選手を何人も生み出している東北福祉大学の出身ということもあり、人脈も豊富で、多くの引き出しを持っていた。僕に対しては、単純に結果が出ればいいということではなく、今現在取り組んでいるものが将来的にプロでやっていくのにつながることなのかどうかを見据《みす》えた指導をしていただいたと、感謝している。

また、一緒に八戸大学に入ってきた同期のチームメイトたちも、現在、東北楽天で投げている塩見貴洋をはじめとして、技術、メンタルともレベルの高い選手が集まっていた。

みんなに負けたくないという気持ちで練習していたので、モチベーションはずっと高いままますごすことができた。野球の話もよくしたし、その中で、ダメなものはダメ、いいものはいいとお互いに言い合えるような関係を、同級生同士で築くことができた。

僕は、中学、高校とキャプテンや責任者のような立場になることが多く、先輩などから、「おい、どうにかしろよ」と圧《あつ》がかかった場合、「やらせなきゃいけないんだ」という思いもあって、僕1人で同級生にキツくあたることがあった。大学ではキャプテンではなかったけれど、同じような状況になったときに、同級生が自然と役割を分担して1人に負担が集中しないようにしていた。切磋琢磨《せっさたくま》する仲間としては最高だった。中学、高校を経て年齢が上がり、大学時代は精神面においても成長できたのではないかと思う。

こうして、充実した環境下で精進《しょうじん》した大学時代は、北東北大学野球連盟の一部リーグで1年生の春と秋、3年生の秋、4年生の春と秋の合計5季でリーグ優勝を果たし、春は全日本大学野球選手権大会、秋は明治神宮野球大会の全国大会に2度ずつ出場（3年生の秋

は東北代表決定戦で敗れて、明治神宮大会に出場できず）。1年秋の明治神宮大会と4年春の全日本大学選手権では、ベスト4まで勝ち進むことができた。

僕は1年生のときから1番センターで出場していたけれど、やはり最上級生として勝ち上がった4年生のとき（10年）の全国大会は感慨深いものがある。同級生がメンバーの中心となり、チームワークも良かった。その後、秋のリーグ戦も優勝。ドラフト会議で埼玉西武から3位指名を受けたあとに開催された明治神宮大会にも出場することもできて、アマチュア時代では最も充実した1年となった。

追い求めているスタイルのプロ選手のフォームを参考にする

大学時代の僕は、1年生のときからすぐにレギュラーとして使ってもらって、春、秋ともベストナインに選ばれるなど出だしは良かった。でも、2年生、3年生とバッティングの成績は落ちていって、3年生の春には打率が2割2分6厘に終わってしまった。このときは、藤木監督にかなりハッパをかけられた。

また、バッティングのテクニカルな面では、テイクバックのトップでしっかりタメを作ることができていなかったのが不調の原因の1つだったようだ。トップというのは、バットを後ろに引いたときの頂点に達した状態を言う。打ちたい気持ちがはやると、ここで適切なタメ（「間《ま》」とも言う）を作れずにバットが出てしまい、体全体の重心移動とうまく連動できていないスイングになってしまう。タイミングをとるうえで重要なチェックポイントになるけれど、一度感覚がズレると、修正するのは難しい。そこで、このときは、バッティング練習でバントの構えからバットを引いて打つ練習を繰り返すことで、トップでタメを作る形を体に植えつけるようにした。その甲斐《かい》あって、3年生の秋のリーグ戦ではバッティングが復調。3割5分3厘まで打率が上がった。

3年生になると、ポジションがセンターからライトに移った。藤木監督としては、ライトも守れるということをプロ野球のスカウトに見せたほうがいいという狙《ねら》いだったようだ。ライトのほうが、外野からの返球で走者を刺す捕殺の機会も増えるというのもある。

また、4年生になると、打順が4番になった。これもプロのスカウトへのアピールの意味合いが強かったようだ。確かに、1番で打ったホームランと4番で打ったホームランでは、試合においてもチームにおいてもインパクトが違ってくる。

4番に入っている選手は、常に勝敗を左右する場面で長打を期待される。それにこたえて長打を放てば、「この選手は勝負強いし、長打力がある」という評価に説得力が出るだろう。僕が従来の1番でずっと打っていたら、「1番で、たまにホームランも打つ」という印象で終わるかもしれないところを、4番に入ることで、「4番なのに打つだけではなくて、守れて走れる」と思ってくれる人が増えるかもしれない。

こうした藤木監督の策について、僕は売り出していただいていることには感謝していたけれど、全面的に納得していたわけではなかった。センターからライトに移ったときは、藤木監督から真意を聞いていたものの、「センターから降格した」というイメージが強かった。また、4番という打順も決して慣れた場所ではない。でも、結果として、4年生春のリーグ戦では打率が4割8分6厘まで跳《は》ね上がり、全国大会にも出場。「4番ライト・秋山」としてアピールできたのだから、藤木監督の目論見《もくろみ》はうまくいったのだろう。

大学時代の僕のバッティングは、基本的な部分は高校時代と大きく変わっていなかったと思う。フォームやバッティング理論などの情報収集については、僕は少し疎《うと》いところがあるので、大学時代も練習量をこなしてスイングスピードや体のキレを出すことを突き詰めていた。

とはいえ、まったくなにも参考にせず、すべて我流《がりゅう》だったわけではない。同じ左打者として、当時、メジャーリーグのシカゴ・カブスで活躍していた福留孝介《ふくどめこうすけ》さん（現阪神）の連続写真を見て、「この打ち方をマネできたらいいな」とトライしたことはあった。福留さんは、なにより、スイング後の「バット投げ」に惹《ひ》かれるものがあった。それに、当時はフォームの細かなところまで理解できる知識はなかったけれど、バットをしならせるように柔らかくハンドリングしていることだけは、僕にもわかった。だから、できるところだけでもマネできれば、プロで高い数字が残せるのではと思い、参考にしていた。

子どものころの憧《あこが》れは、19年に現役を引退したイチローさんだったけれど、打ち方を参考にするということはなかった。参考にしたという意味では、清水隆行さん（元巨人、埼玉西武）くらいだろうか。

僕は横須賀で育った人間だが、大学生までは巨人ファン。とくに、ニューヨーク・ヤンキースなどで活躍した松井秀喜《ひでき》さんや、18年まで巨人の監督を務めた高橋由伸《よしのぶ》さん（現巨人特別顧問）が、当時、巨人の現役で好きな選手だった。でも、それは単にファンというだけで、バッティングフォームは参考にしていない。２人はあくまで「ホームランバッター」というすみ分けが僕の中にあった。

一方、清水さんは僕に近い「スラっとした外野手」というイメージが強かったので、高校時代からテレビなどに映っている姿を見ると、つい目で追ってしまっていた。清水さんのバッティングは、福留さんと違って柔らかさは感じられなかったけれど、シャープに振る姿が強烈に印象に残っており、大学時代もそれを追い求めていたところはあったと思う。

ドラフト3位で埼玉西武から指名される

「埼玉西武　秋山翔吾　外野手　八戸大学」

10年10月28日に開催されたプロ野球新人選手選択会議（ドラフト会議）で自分の名前が埼玉西武の3位でアナウンスされたとき、僕はそれをリアルタイムでは見ていなかった。当時、大学内でドラフト会議の模様が中継されているテレビが置かれていたのは、校舎のロビーだけ。僕は別室にいて、僕より先に東北楽天から1位指名されていた同級生の塩見貴洋の記者会見の様子を遠目に見ていたのだ。

実はこのとき、「もう、自分の指名はないかもしれない」と思っていた。

ドラフト前、僕のところには9球団から調査書が届いていた。調査書は、球団が大学へ指名する可能性のある選手に関する簡単な情報を求めて送付するものだ。大学側が調査書に求められていることを記載して返送するだけのやりとりだが、指名する可能性があるから送られてくると考えることができる。でも、指名を確約するものではないので、調査書がたくさん来ても、フタを開《あ》けたらどこからも指名されない可能性はあった。

僕は、事前の新聞予想などによると、福岡ソフトバンクか阪神のどちらかに指名されるのが有力とされていた。ソフトバンクに至っては、新聞によっては1位候補にもなっていた。けれど、実際にソフトバンクが1位で指名したのは早稲田《わせだ》大学の斎藤佑樹だった。他球団の1位指名は、巨人が中央大学の澤村拓一《さわむらひろかず》を、中日ドラゴンズが佛教《ぶっきょう》大学の大野雄大《ゆうだい》を単独指名した以外、早稲田大学の大石達也（6球団）と斎藤（4球団）の2人に指名が重複。抽選で大石は埼玉西武、斎藤は北海道日本ハムが交渉権を得たが、2回目以降の1位指名でも僕の名前が呼ばれることはなかった。

そして、ウェーバー制による2位以下の指名に入る。僕を指名する可能性があるとされていた阪神は、東海大学付属相模《さがみ》高校の一二三慎太《ひふみしんた》を指名。一二三はピッチャーとして甲子園でも活躍した選手だが、プロ入り後は外野手転向もありうるという報道が出ていたので、僕の中では自分と同列と考え、「これで阪神はないか」と思った。続いて、2位指名の順番が最後だったソフトバンクは、広島経済大学の柳田悠岐。この時点で、僕が指名される可能性のある球団はなくなってしまったように思えた。

藤木監督も難しいと思ったらしく、「3位指名で名前が挙がらなかったら、（記者会見用に着ていた）ブレザーを脱いでいいよ」と言われていた。

指名はないかもしれない……。そうしたらどうする？　そんな思いがよぎった矢先、まったく予想していなかった埼玉西武から3位で指名された。

別室での塩見の記者会見を見ていた僕は、その瞬間、塩見の後ろのほうで「ワーッ！」という部員たちの大歓声が鳴り響くのを聞いた。「あいつら、塩見がしゃべっているのに……。怒られるわ」と思っていたが、それは僕の指名に対する歓喜だったのだ。

実を言うと、埼玉西武は調査書の依頼が来た9球団の中で最後のチームだった。しかも、届いたのはドラフト会議の3日前のことだ。だから、指名の可能性は低いと思って、母にも知らせていなかった。調査書が届いた球団について、埼玉西武以外はすべて母に伝えていた。

母と弟、妹はドラフト会議当日放送のテレビ番組『ドラフト緊急生特番！　お母さんありがとう』（TBS系）にて、僕が指名される瞬間を自宅で待つ姿が生中継されていた。でも、埼玉西武のときは固唾《かたず》を呑《の》んで見守っている感じではなく、指名された直後のリアクションが遅かった。これは、埼玉西武から調査書が来たことを知らせていなかった僕のせいだろう（笑）。

僕自身も一瞬、ビックリしたが、それ以上にホッとしたという気持ちがこみ上げてきた。プロになるためにずっと野球をしてきたので、「やっとなれる」という思い。それと、同級生の塩見が1位で先に指名されていて変なプレッシャーもあったので、よけいに安堵《あんど》した部分はあったと思う。

でも、ホッとしたのはほんのつかの間のことだった。指名後は、契約や入団に向けた準

ラフト入団選手 発表会
西武グループ
Colantotte
ビックカメラ

備など、周囲も含めて目まぐるしい動きを経たのち、埼玉西武ライオンズの一員として、いよいよプロ野球選手生活のスタートを切ることになる。

ライオンズ1年目に、バッティングの心構えを学ぶ

ライオンズに入団して、最初の1年間（11年シーズン）つきっきりで教えてくださったのは、先にも述べたようにヘッド兼打撃コーチの土井正博さんだった。土井さんは現役時代に近鉄で「18歳の4番打者」としてデビューし、その後、移籍した太平洋クラブ（現埼玉西武）ライオンズで本塁打王のタイトルも獲得。通算465本塁打の実績を誇る強打者であるとともに、西武入団当初の清原和博さん（のちに巨人などにも在籍）を指導した名コーチとしても知られている。この人からバッティングについて一からすべて叩《たた》き込まれた。

1年目は、打席での心構えについて多くのことを学んだ。

「インコースは、逃げたら勝負にならねぇぞ」

「若いやつは、右打ちもバントもしっかりやらなきゃいけない。自由に打ちたいという気持ちもわかるけどな。それができなかったら、打席には上げられねえからな！」

そんな調子で、いつも厳しくハッパをかけられ、朝の早出練習から夜間の個別練習まで、まさにつきっきり。本当によく面倒を見てもらった。

左バッターの僕がインコースに対応するための練習方法としては、右腕の外側全体にガードとなるプロテクターをつけて構え、土井さんがそこにボールをトス。打てるときは、「払《は》ろうてみい！」と土井さんに言われてスイング。体に当たりそうなときは「当たってみい！」と言われてプロテクターで受けるようにして当てる。これを繰り返した。今のコーチはあまりやらない方法だが、そもそもコーチの指導スタイルというのは人それぞれである。この練習は、土井さんならではのやり方だった。もちろん、この練習をしたから死球を受けた際にケガに強くなるわけではない。でも、体の内側で受けたら大ケガにつながるので、外側で受けることは重要だ。また、インコースが怖《こわ》くて逃げ腰になるようであれば、プロとして難しくなる。それらに体で反応できるように、この練習で慣らされた。極論すると、プロの打者として最も大切な心構えが凝縮《ぎょうしゅく》されている部分を、繰り返し払ったり当たったりすることで体に染《し》み込ませていったということだろう。

土井さんの教えは、常にシンプルだった。スイングの考え方としては、「肩とヒジ、肩とヒザと腰は平行に回しなさい。そこに押し手のヒジがくっついてくる」ということだけだ。もう少し具体的に言うと、赤ん坊を抱《かか》えているような格好を自分で作って、その状態から肩のライン、腰のライン、ヒザのラインを地面と平行に近い形で回す。この感覚を基本にするというものだ。

現在の自分の打ち方は、それとは少し違ってきているが、スイングの途中段階で、今どこに体重が乗っているかをチェックする際などには、この考え方が生かされている。

でも、振り返ってみて、土井さんから学んだいちばん大きなポイントは、「打席では逃げるな」という心構えであったと思う。プロに入って、右も左もわからなかった時期に、「ああ、こういうことを練習でやるんだな」と新鮮な気持ちで吸収することができた。あれほど多くのことを意識して、練習やプレーをさせてもらったことは、アマチュア時代にはなかったかもしれない。それも、過去に何度もライオンズの優勝に関わってきた名コーチがつきっきりで教えてくれるのだ。

ときには、ライオンズの先輩・中島宏之さんが1年目に相当バットを振っていたという話も土井さんから聞いた。プロ1年目は2度経験することができないので、ほかの指導スタイルとの違いはわからないけれど、「プロとはこういうものなんだな」と思いながらひたむきに取り組めたことは、僕にとっては幸運だった。

プロはスキルを高めたり、体力をつけることばかりではない。勇気やプロの姿勢などを含む精神力も鍛えねばならない。それを教えてくれた土井さんには感謝の気持ちでいっぱいだ。

一軍でシーズンを重ね、経験を積んでいく

プロ1年目の11年シーズン。僕はいきなり開幕から、「9番・ライト」でスタメン出場を果たした。2戦目には、プロ入り初安打も記録。思いがけぬ好スタートを切ることができたけれど、良かったのは最初だけだった。その後、すぐにプロの厳しい攻めが始まると打てなくなり、ファームに降格。夏場に再昇格して、また試合で使ってもらったが、最終的に打率は2割3分2厘でシーズンを終えた。それでも、110試合、313打席も立たせてもらえた経験は大きかった。

とはいえ、当時の僕は情報処理には疎《うと》いほうだったので、経験をすぐに生かすというのは難しかった。2年目（12年）に入って、前年対戦した投手が相手だからといって、いきなり打てるものではなかった。それでも、覚えられた投手については対処法が頭に浮かぶようにはなっていったので、シーズンを重ねる中で蓄積は増えていっていたのだとは思う。

1年目、2年目は、サインミスもよくしていた。ミスはもちろん良いことではない。当然、叱《しか》られる。その中でも、いちばん印象に残っているのは、「ヒットエンドランで振らず

に見逃してしまうようなことをされると、ベンチからすれば使いづらい。そういったチームとして動く必要があるプレーはしっかりやってほしい。そのうえで、ほかに自由に打てる打席があったら、そこで結果を出しなさい」という教えだ。「若い選手にいちばんやってほしいのは、そこだから」と、はっきり言われたこともある。これは、僕だけではない。同じ時期にライオンズで一軍定着を目指していて、今は東北楽天に在籍する浅村栄斗もそうだった。だから、バントや右打ち、ヒットエンドランの練習を2人でよくやった。全体練習が終わったあと、室内練習場に何人か呼ばれて練習するのが恒例だった。

こうした時期を経験したことは、現在、比較的自由に打たせてもらっていることに対するありがたみも含めて糧《かて》になっている。好き勝手に打っていいからといって、ダブルプレーになってしまったら、まわりは納得してくれない。だから、どう打つべきか？　そういう打席での考え方に生かされている。

プロ2年目となった12年は、まだ、1年目の延長という感じで夢中にプレーしているだけだった。打率2割9分3厘とかなり上昇したが、故障もあって規定打席へはギリギリの到達。右大腿《みぎだいたい》部の肉離れにより、オープン戦のときから、開幕1か月、あと交流戦後にもファームに落ちた。今までに経験したことがない故障だったので、このときはかなり慌《あわ》てたのを覚えている。

3年目となる翌13年ごろからは、ボールを強く打ちたいという思いが強く、体重を少し増やすなどして振れるような体作りを目指した。その副産物と言うべきだろうか、全試合出場を果たした。そのうえ、打率こそ2割7分0厘に落ちたものの、13本塁打を記録。オフには初めて日本代表「侍ジャパン」に招集され、台湾との試合に出場することもできた。

もし、次の14年に、さらに成績が向上していたなら、その伸びがわずかなものであっても、おそらく、ボールを強く打ちにいくスタイルで打率も本塁打もそこそこ稼ぐ中距離打者を目指していたと思う。このまま経験を積み上げて数字を伸ばせれば、いずれ3割、20本に近づき、超えていけるのではないかと。

ところが、そううまくいくものではなかった。14年のシーズンは成績が降下してしまい、出場試合数も激減。選手生命の危機を感じた僕は、自分のバッティングについて一から見直しを余儀なくされることになる。そこからは第1章で詳しく述べた部分につながっていく。

幼少時代からプロに入る前までは、自分の人生経験と野球を通じて、おもに忍耐力や競争心が自然と養われていった。そして、プロでは意識の持ち方や日ごろ取り組む姿勢などが鍛えられつつ、フィジカルやテクニカルの面についても少しずつ習得していったのだが、振り返ってみると、本当の意味での技術の探求は14年に不振になったときから始まったのだと、改めて思う。

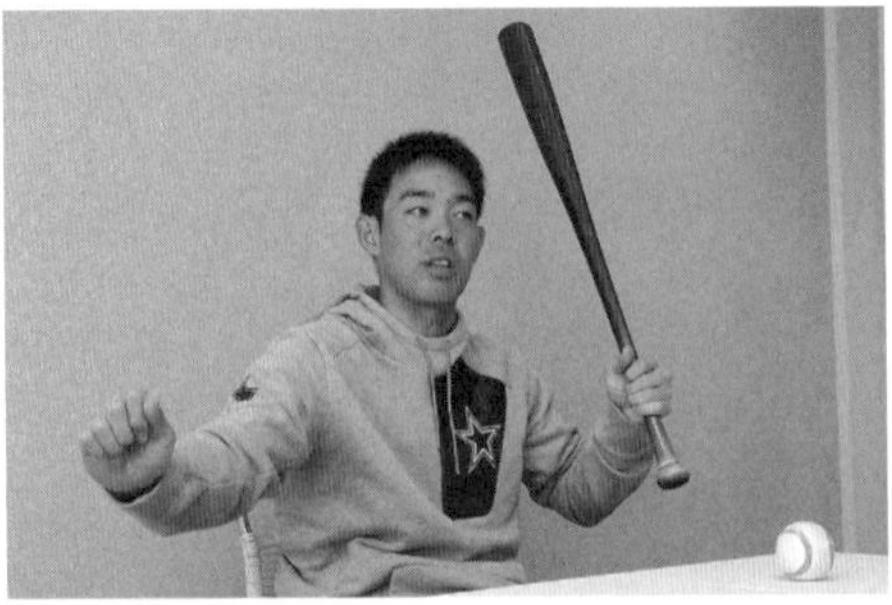

Lions
SEIBU
SOGO

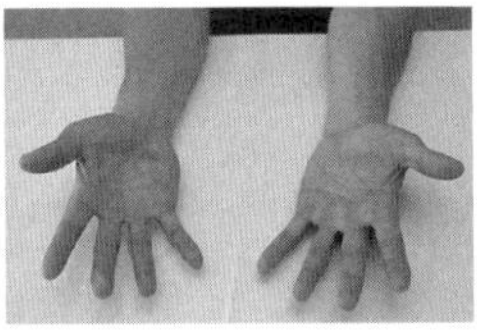

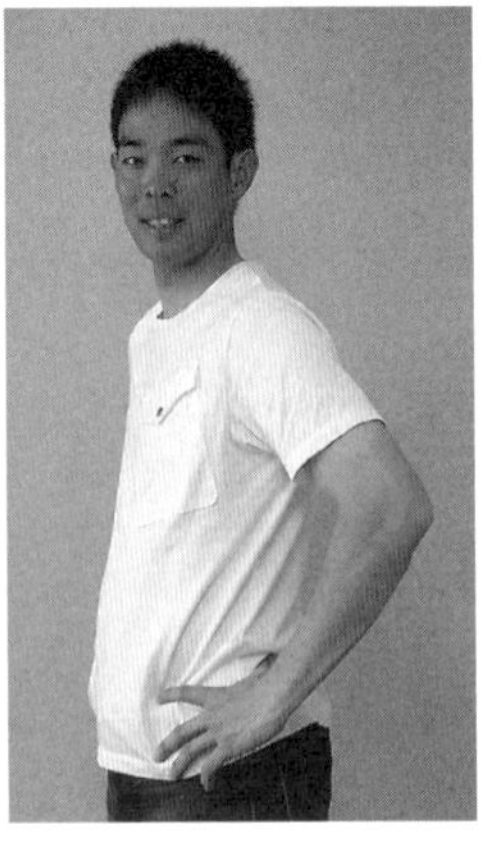

第6章

野球人として考え続ける

～高みの境地へのスピリット～

心技体すべてを高めなくてはフルイニング出場は続かない

ここから先は、僕の内面的な部分についてさらけ出すことで、「秋山翔吾」をより知ってもらおうと思う。プロ野球選手といっても、1人の人間であることに違いはない。

この第6章では、野球全体に直結する考え方などについて述べていきたい。僕の胸の内や高みを目指すスピリットのようなものを知ってもらうことで、読んでくださっている人がご自身の生き方などと重ね合わせて共感してもらえたら幸いだ。また、野球をやっている球児たちのフックとなり、成功へのきっかけにしてくれればいいなとも思っている。

最初に、僕が毎年目標に挙げているものの1つの、「フルイニング出場」について述べたい。僕は18年のシーズン終了時までに596試合連続でフルイニング出場を続けている。これは、パ・リーグ記録となっており、19年シーズンも継続中だ。しかし、フルイニング出場の価値が高く評価されているかは微妙なところであり、継続していくモチベーションを保つのは案外難しい。正直なことを言うと、タイトルや成績のことを考えたら、バッドコンディションのときに試合に出ないという選択肢もある。ひょっとしたら、不調のときに休むことはチームにとってもプラスではないか？　そう考えることもある。

ただ、フルイニング出場というのは、続けたくても本人の意志ではどうにもならない部分もある。なぜなら、故障をしていたり、看過できないほどの成績不振に陥《おちい》ったりしていたら、ベンチはスターティングメンバーから外さざるをえなくなるからだ。

それは、小さな故障でもありうる。例えば、なにかのきっかけで足が痛いとする。まわりからみても痛そうだとわかる。その場合、ベンチから信頼を得られていない選手であれば、十分なパフォーマンスを発揮できないと判断され、スタメンから外される。ところが、僕の場合は、現在までに積み上げてきた実績によって「最低限、これだけはやってくれるだろう。であれば、ラインナップに入れるメリットがある」という計算を首脳陣がしてくれているからこそ、出続けることができている。それだけのことなのだ。もちろん、自分なりの密《ひそ》かな意地もあるのだが……。

もしかすると、大差の試合展開になったときなどは、ベンチは次の試合に備えて僕を途中で代えて休ませて、若い選手に場数を積ませたいと思っているのかもしれない。その考えは、チームとしては理解できる。でも、僕からすると、やはりそれは死活問題になる。なにかのきっかけで、ポッと起用された若い選手がいいところを見せたら、翌日から出場する機会が増えるかもしれない。それはすなわち、僕の役割や仕事が、わずかながらもなくなっていくことにつながるのだから。

もちろん、僕の技術や考え方などを若手に伝えることは惜しまない。でも、僕自身になんの落ち度もなく、まだできると思っているのに、「ご苦労さん。今日はもう疲れているだろうから、代えてあげるよ」という形でほかの選手にチャンスが与えられるというのは、むしろ、つらいものがある。僕にとっては「次の試合以降に備えて力を温存する」というメリット以上に、ライバルにチャンスを与えてしまうデメリットのほうが痛手になるからだ。

「世代交代は、僕以外のほかのポジションでやってほしい」

わがままな話だが（笑）、それが僕の偽《いつわ》らざる本音だ。チームで戦っているとしても、1人ひとりは実力勝負でポジションを奪い合っているプロの世界だ。そのあたりは、「簡単にチャンスは渡さないよ」という強い思いがある。

それと、フルイニング出場についていつも話しているのは、フィジカルとメンタル、そして成績。これらがすべて整わないと、維持できないということだ。前述したとおり、数字が悪いのに意地など張れないし、心身にガタがきていても難しい。それらがすべて整っている状態を続けなくてはいけない。その意識は、キャンプのときからすでに始まっているし、シーズン中のしんどいときなどは、なおさらそうだ。心身を常に良い状態に保ち続けることが、第一線から脱落することなく踏ん張れる要素となっていると思う。

そもそも、自分が「出たい」と思っていても、伴《ともな》わないものがあればベンチは代えるし、もちろんその方針に従わざるをえない。先ほどは故障を例に出したが、万全の状態であっても能力が及ばなければ同じことだ。「ここはどうしても1点取りたい」というときに僕が二塁にいたとして、「秋山より速いランナーに代えよう」とベンチが思ったら、それで終わりである。代走を出そうなんて思わせない。「秋山ならなんとか還《かえ》ってきてくれる」と思ってもらう力量をキープし続けなくてはならないということだ。

その意味では、「最も大切に維持しなくてはならないのは足ではないか？」と思う。足で衰えを見せたら、すぐにそうした隙《すき》ができてしまう気がするのだ。

だから、ランニングメニューのときには、「まだまだ、若い連中には負けねーよ！」と思いながらいつも走っている。きっと、若い選手たちは煙《けむ》たがっているだろう（笑）。

でも、そんな僕を抜いていかなくては、僕からポジションを奪うことはできないはずだ。僕自身もまだ31歳。この先、まだしばらくはレギュラーとしてフルイニング出場を目標にする選手でいたい。力を抜いた走りなんかして、後輩に追い越されてはいけない。そんなことで、レギュラーを取った気にさせるわけにはいかない。

もちろん、フィジカルだけでなく、本書のタイトルとなっている「技術」と「心」も高いレベルは必要だ。それができているからこそのフルイニング出場。僕はそう考えている。

ライバルへの強い意識が、自分を高めてくれる

プロ野球選手には、チーム内においても毎年のように自分を脅《おびや》かす存在が現れる。1年目（2011年）のシーズンが終わって間もない10月27日。毎年恒例のプロ野球新人選手選択会議（ドラフト会議）が開催された。

このとき、チームは10月29日に開幕するクライマックスシリーズ（CS）の北海道日本ハムとのファーストステージに向けて、すでに札幌に入っていた。

僕は、栗山巧さんと中村剛也さんに食事に連れていってもらうことになって移動中だったのだが、たまたまドラフトの結果を知って驚きを隠せなかった。ライオンズは、八戸大学時代に後輩だった田代将太郎《しょうたろう》（現東京ヤクルト）を5位で指名していたのだ。

正直、当時の僕はこの指名に、「なんでだ⁉」と思った。田代にはなんの恨《うら》みもない。でも、長年東北地区を担当している水澤英樹スカウトが同じ大学から同じ左バッターの俊足外野手を、しかも、僕が入団した翌年に球団に推薦《すいせん》して指名しているのだ。いくらなんでも、タイプが似すぎている。

これがもし、違うスカウトが「秋山くんよりいい外野手がいたよ」という感じで獲《と》ってきたなら、まだ、「仕方がない。競争の世界だから」と思える。でも、水澤さんが田代を推《お》すってどうなんだろう？　僕が入団したことで、母校の八戸大学から埼玉西武が選手を獲得する道を開いた、ともとれる。けれど、それ以上に「僕が選手としてよほど信用されていないということではないか？」などと、いろいろ考えた。田代の指名に心穏やかではなくなった僕は、まだ1年目の分際で栗山さんや中村さんに食事に連れていってもらっているという立場にもかかわらず、行った先で、「ああ、もう僕、どうしたらいいんすかねぇ」とグチってしまっていたことを覚えている。今考えたら、失礼なことをしてしまった。

こういった話は、すでに何年も過ぎて、水澤さんを含む球団の方と信頼関係を築いているからこそ活字にできることだが、このころのライオンズは、まるで僕にハッパをかけるかのように、毎年、若い外野手や将来外野手にしたら面白そうな選手を獲得してきた。「秋山がレギュラーとしてうかうかしていられないように、若い選手をまた獲ってきたからな」というのが、年の初めに水澤さんに挨拶《あいさつ》したときに言われるお決まりの言葉となっているほどだった。

その波に押されて、14年の一時期、木村文紀や石川貢にポジションを明け渡したことがあったけれど、それ以外はなんとか踏みとどまってきているわけだが……。

水澤さんの言うように、新しい外野手がどんどん入団してきたことで、刺激を受けていた部分はあったかもしれない。そのたびに、「やばい」と思って必死に練習していたのは確かだ。であれば、水澤さんや球団の考え方は当たりで、むしろ感謝すべきかもしれない。

加えて、「ライバル」というのは、必ずしも人ではないときもある。15年にシーズン最多安打記録を樹立し、17年にパ・リーグ首位打者を獲ってからは、成績に対するハードルも自分自身に対する「ライバル」として立ちはだかっている。「ごく普通の数字しか残せなかったら、誰も納得してくれないのではないか?」という思いが不安をあおる。もちろん、自分自身も納得できない。例えば、19年はホームランを自己最多の30本打ったけれど、打率は3割を切りました……となったら、「そんなの秋山には求めていないよ」となるのではないか? そんな不安と戦いながらいつも追い込まれるようにプレーしている。人によっては、そういう状況を楽しむくらいになればいいと言うけれど、どうやら僕には難しいようだ。少なくとも現役でいるあいだは、楽観的に野球をするというのは無理だろう。

もっとも、常に危機感を持って必死にやっているほうが自分としては納得できる部分もある。それで結果が伴わなかったり、ケガをしてしまった場合は、「でも、やるだけやってたしな」と思える。逆に必死になりきれないまま、不幸な結果になってしまった場合は、きっと後悔するに違いない。そしてその後悔が、「早く元の良かったときに戻らなくては」という焦《あせ》りにつながってしまうはずだ。

実際に存在するライバル、自分の中にあるライバル。それらを意識して日ごろから必死に目一杯頑張っていれば、たとえどんな結果が待ち受けているにしても焦らずにすむ。なにがあってもぶれずにいられる精神力は、日ごろの意識によって鍛《きた》えられていくと思っている。

不安だから、徹底的に練習する

僕は基本的にネガティブな性格だ。どちらかというと、ポジティブに「こうなりたい！」というよりは、「こうなってはいけない」と思うタイプと言える。

だから、先のライバルの話でも述べたように、野球も常に追い込まれながらやっている、という自覚がある。「不安だから練習している」というのが本音だ。そういうスタンスだと、いつも「納得できるまでやらなくては気がすまない」となることが多い。しかも、それと同時に客観的な視点の僕がもう1人自分の中にいて、「本当にそれで納得できているの？」と追い打ちをかけてくる。だから、なかなか不安感を払拭《ふっしょく》できず、悩むことがあるほどだ。

例えば、キャンプでのバッティング練習は、実戦的な練習の前段階なので、バッティングピッチャーの投げるボールも、マシンのボールも8割、9割は納得できる形で打てなくてはいけない、と考えてしまう。それができない選手が実戦で3割なんて打てるはずがないだろう、と。そう思いながら練習するものだから、なかなか納得のいくレベルに到達しない。

また、前日に「あ、今のいい感じだな」と思ったバッティングが、翌日になってできなくて、ものすごく怖くなることもある。シーズンに入ってしまえば、どんなに形が悪くても、「ヒットはヒット。よし、ＯＫ」と割りきれるようになった。けれど、練習は試合とは逆で、結果を出すための場所ではなく、内容が伴わなくてはならない。1つうまくいったプレーや動作ができたときは、その再現性を高めようと、同じ練習を続けるのだが、そう簡単に続けて再現することができない。それで方針転換して別の方法によるアプローチを試してみるが、もしそれも結果につながらなかったら……と考え出すと、不安でどうしようもなくなってしまう。結局、時間の許す限り練習量をこなして、あとは運を天に任せる心境になるというのも、よくあることだ。

ただ、1つ言えるのは、なにもせずに結果が出なかったときの後悔は半端なものではないということ。だから、仮に納得がいかないままになってしまっても、やるだけのことは目一杯やっておきたい。それで結果が出れば、「そりゃあ、あれだけやったんだから、結果は出るよな。そうだよな。でも、良かった。ホッとしたー」となる。でも、それでようや

くプラスマイナスゼロの心境。自分でも苦笑してしまうネガティブぶりだが、この不安感があるからこそ、目一杯練習しようとするメンタルをキープできているのだと思う。

性格と言えば、こんなこともあった。17年のオフ、『炎の体育会TV』（TBS系）というテレビ番組の「ヒットTheターゲット」というコーナーに出演したときのことだ。そこで、100秒のあいだにダイヤモンドの幅一杯に扇状《おうぎじょう》に配置されている合計15枚（当時）のターゲットボードをティー打撃で何枚打ち抜けるかという企画にチャレンジした。

このとき、僕にかかる「テレビ的な」期待は、プロ野球シーズン最多安打の日本記録を誇るバットコントロールですべてを抜く「パーフェクト」以外になかっただろう。でも、最初にいちばん三塁線側の的を狙《ねら》って順に一塁側へずらすはずが、何度打っても狙った的を抜けない箇所が2つほどあった。人によってはすぐに切り替えて別の的を狙うようだが、僕はずっと同じ的を狙い続けた結果、大幅に時間をロス。それにより、結果は9枚という期待を裏切る結果に。一緒にチャレンジしたパワーヒッターの山川穂高のほうが、巨体に似合わぬ抜群の器用さを発揮して、僕より多い11枚を打ち抜いてしまった。

このとき、山川や同じくチャレンジした源田からは「性格が出ている」と苦笑されたけれど、もし、テレビの前にいた視聴者の方々も同じような印象をいだいてくれたのなら、僕の術中にハマったと言っていい（笑）。あの企画は、打ち抜いた枚数を競《きそ》うのではなく、パーフェクトを達成するかどうかがポイントだと僕は思っていた。それ以外は、すべて「惜しい」で終わってしまう。だから、時間的にすべてを抜くのは無理と思ってからは、「だったら、俺の性格はこうだってところを見せちゃえ！」と思って狙い続けたのだ。

つまり、自分のキャラクターをファンに知ってもらおうというメディアを使った印象操作である（決して負け惜しみではない）。オフのテレビ番組は、ＮＨＫ－ＢＳの『球辞苑』のほか、『ジョブチューン』（ＴＢＳ系）、『ジャンクＳＰＯＲＴＳ』（フジテレビ系）など、ありがたいことにいろいろと出させていただいており、せっかくなので、こうしたアピールに利用させてもらっている。もちろん、このときは素《す》の部分も大いに出したのだが、ただ単に真面目《まじめ》で一直線だけではないところもある。それが、「秋山翔吾」という人間の芯《しん》の部分だ。自分自身、今はそう思っている。

結果を出すためには、ゲンもかつぐ

やるべきことを徹底的にやったら、あとは結果が出るように祈るしかない。プロ野球選手は、ジンクスを気にしたり、ゲンかつぎをする人が多いが、僕も例外ではない。

例えば、自宅と球場を行き来するときの車のルートがそうだ。試合で打ったら、翌日は同じルートで球場入りして、打てなかったら次の日は別のルートに変える。打ったらまた元に戻す……。そのようなことは、よくしている。ルートの変更は適当に決めたりはしない。いいときは「A」のルートだとして、打てなかったときに変更する「B」のルートは少し遠回りにする。すると、帰宅の際には早く帰りたいのに帰れない。自分に対する軽い罰を与えるのだ。「自分のやっていることがわかっている？　打てばもっと早く帰れるんだよ？」と、自己反省するような仕掛けである。

また、ルートを変えて打てるようになったら、そのルートに完全に切り替える人のほうが多いと思うけれど、僕はそうではない。「A」が通常で、打てなくて「B」に変えたとして、打てないあいだは「B」のルートを続けるが、再び打てるようになったら「A」に戻している。そうしないと、どちらが本当にいいのかわからなくなってしまうからだ。そのあたりは、自分らしいなとつくづく思う。

ほかにも、試合前のクラブハウスのケータリングメニューに麺類《めんるい》が並ぶとき、ラーメン、うどん、そばがあるとして、ラーメンを食べたときにヒットが出たら、同じように麺類の日のときはずっとラーメン。うどんで打ったときは、うどんを続けるようにする。そのくらいのことはよくしている。

事前にいつも同じ準備をするルーティーンもいくつかある。ダッグアウトを出てネクストバッターズサークルに入ったら、自分で決めている準備運動を必ずしているし、試合前の練習の順番などにも決まりごとを作っている。

でも、それ以上に厳しく設定しているのは、やはり、試合で打てなかった日に課す自分への罰だ。例えば、ショートダッシュの本数を増やしたり、いつもより長い時間バッティング練習をしたりするなど、本来、やりたくないものの量を、必要分よりさらにプラスするようにしている。

これは、運転ルートの話と同じで、自分に対する戒《いまし》めの意味が強い。量を増やすことで、「わかる？　打てなかったら、明日もこれやんなきゃいけないんだよ？　それでいいの？」と自分に言い聞かせている。そんなことでも、なんとか状況を打開できるなら……という切なる思いだ。もちろん、苦しいばかりではもたないので、打ったときには、「今日はいつもの本数ですむわ～」と思うようにするなど、適度に楽しみながらやるようにしている。

とはいえ、調子が上がらないときや、納得のいかない状況のときには、それが表に出てしまったりもする。家に帰ると、さすがに小さい子どもたちに悟られるほどあからさまではないけれど、付き合いの長い妻には気づかれることが多い。このままでは、帰っても夜眠るまでに沈んだり考え込んだりしてしまうだろうと思うときは、打ち方がどうかということより、「とにかくひと汗かかないと無理！」となって、試合後にけっこう打ち込む。

そのため、本拠地メットライフドームのナイトゲームのときでも、しばしば、夜の12時を過ぎてから帰宅するような事態にもなってしまう。でも、妻は、「今日は室内で打ってくる気がしていたわ」と軽く受け流してくれるから助かっている。

このくらいまでストレスの度合いが上がってきたときは、もうゲンかつぎ云々《うんぬん》ではない。とにかくやれるだけのことをやって、映像で自分の打撃フォームの確認をしたら、「もう今日のことはこれで終わり！」としてしまう。それで、翌朝からはごく普通の状態に戻るようにしている。まあ、自分自身に課す罰のダッシュは、次の日もちゃんとやるのだが（笑）。

気持ちだけはあとにひかないよう、切り替えるように努めている。

だからこそ、しばらくヒットが出ないときには、早く「1本」が出て欲しい。あとに何打席回ってこようとも、まず1本。最低限として、1日1本ヒットが打てていれば、先につながっていくので、それこそ必死の思いで打席に入っている。

ゲンかつぎや自分に罰を与えることは、調子を上げるための技術的な根拠には、なにひとつならない。でも、シーズン中は毎日のように試合があるプロの場合、翌日に気持ちをリセットして平常心を保つことは、すごく重要な要素。そのための1つの手段として、ゲンかつぎはあってもいいと思う。

偉大な先輩方の教えに間違いはない

プロとしての心構えについては、多くの先輩方から学ばせてもらった。いちばんに思い出されるのは、やはり最初に指導してもらった土井正博さんだ。よく、「グラウンドにはゼニが落ちている」と話していた。昔ながらの決めゼリフかもしれないけれど、最初に聞いたときには、「それがプロの野球選手なんだ。職業になったんだな」と、実感したのを覚えている。

そう、グラウンドにはゼニが落ちている。やればやるほど、お金になる。そう思えたからこそ、これまでのあいだ、ずっと厳しい練習を続けることができているのかもしれない。手を抜かない。周囲に目を光らせる。そして、落ちているものは拾う（笑）。もちろん、アマチュア時代のときも自分なりに練習をしてきたけれど、プロは結果を出せば返ってくるものがあり、それがはっきりしているということだ。僕らプロにとって野球は、結局のところ、成果をあげてお金をもらう「職業」である。土井さんからはバッティングの技術や姿勢といったもののほかに、そんなプロとしての心構えを学んだ。

日本代表の「侍ジャパン」に招集されて参加した際に、当時監督だった小久保裕紀《こくぼひろき》さん

（元福岡ソフトバンク、巨人）や、現監督の稲葉篤紀《あつのり》さん（元東京ヤクルト、北海道日本ハム）に言われたことも、頭に残る。2人は、「練習は今のうち（若いうち）にやっておけよ」と声を揃《そろ》えていた。

小久保さんには、最初に侍ジャパンに参加した台湾遠征のときに、「30歳までは練習を（目一杯）やっておけよ」と言われた。それが貯金となって、あとは体のケアをしながらでも、習慣づけておけばもたせていけるから、という意味も含まれた話だった。当時は25歳だったので、自分が30歳になる感覚がまったく想像できず、「あと5年も自分を追い込まなくてはいけないのか。先はなげ～なぁ」と、漠然《ばくぜん》と時の長さを感じた程度だったが（笑）。

でも、2000安打を達成して、40代まで長くプレーされた2人は、そういう考え方でやっていたのだなと言葉の重さを感じた。偉大すぎて、それまでグラウンドで会話をすることすらできなかった先輩2人から同じようなニュアンスのことをアドバイスされたということもあって、その忠告に従い、現在に至るまでしっかりと練習してきた。

そして、30歳を過ぎた今になると、その意味合いが理解できるようになった。年齢を重ねると、練習をしたくてもできないようになるのだ。それは疲労が残りやすくなるといったフィジカルの面ももちろんあるけれど、いろいろなものを見てきて要領良くやれるようになる、またはコツをつかむという部分もある。だからこそ、この年齢までに練習するこ

Majestic
SEIBU
SOGO

とを体に慣らしておかないと、徐々に衰える中で練習量を上げていくことは難しい。練習をする習慣がついていて、要領なりコツなりをつかんでおけば、この先も身になる練習ができて、現役を長く続けていける。そういうアドバイスだったのだなと、実感している。「練習をする」ということを間近で見てきたという意味では、先輩の栗山巧さんから受けた影響も大きい。19年の誕生日で36歳になるというのに、キャンプでは、「マシンから煙《けむり》が出るのでは？」と思うほど数多く打ち込んでいた。となりで並んで打つ若い選手にとってはプレッシャーになってしまうのではないかと心配してしまうくらい、鋭い目つきでバットを振っている。本当にすごい人だ。

栗山さんは選手のタイプとしては、中村剛也さんみたいに唯一無二《ゆいいつむに》のホームランアーティストというような派手さがあるわけではないので、外目からはなにがすごいのかがわかりにくいかもしれない。でも、バットコントロールは言うまでもなくうまいし、選球眼がいいので出塁もする。得点圏打率も高い。相手ピッチャーのいやがり方は半端ではない。そういったところで、チームへの貢献度が十分ある。そのうえ、チームにおける存在感も絶大なのだ。

そんな栗山さんと、僕は入団してから一緒に練習することが多かった。同じ左打ちの外野手ということで、キャンプや公式戦のときにもよく同じグループになっていたからだ。とくにキャンプのときは一緒にいる時間がより長いので、よけいにそのすごさを感じたものだ。全体練習のあとの個人練習では、なにがあっても最後までバットを振ってから帰っている。「この人、いくつになったら、練習量が落ちるんだろう？　こちらも力を抜いた練習はできないな」と思う。

僕が栗山さんの年齢になったころ、つまり5年後にあの姿でいられるだろうか？　すごい体力がいるだろうし、野球を好きでい続けなくてはできないことだろう。そう感じている。また、栗山さんがチームのキャプテンだったころ、試合前に声かけをしていたときの言葉の力も半端じゃなかった。試合前のテンションが高いときなので、具体的にどんな内容だったかはすぐには思い出せないけれど、「みんなで元気出して頑張っていきましょう！」というような軽い内容ではなかった。もっと違う着眼点から説得力のある内容が多くて、「ああ、そういう言葉で伝えるものなのだな」と勉強になったことが何度もある。

あれくらいの威厳を持って僕が野球をできていたら、後輩たちからナメられなかったのだろうな……とも思うが(笑)。まあ、僕は僕で、今はこれで良しとしている部分もあるけれど、栗山さんの生きざまに対しては、これからもきっと憧《あこが》れ続けるだろう。

このように、先輩から学ぶことは実に多い。自分では気づけなかった貴重な考えを授けてくれる。それにより、僕は若いころから、技術的なことはもちろん、メンタル的な部分においても良い影響を受けた。

すでにそうだが、これから先、後輩はどんどん増えていく。そんな後輩たちに僕も良い影響を与えられるよう、ますます精進《しょうじん》しなくてはならない。

できる後輩のコミュニケーション能力にも学ぶ

影響を受ける選手は、先輩ばかりではない。後輩の源田壮亮についても、僕にない部分がある選手として一目《いちもく》置いている。

彼は、様々な人間に瞬時に対応できるなと思う。きちっとすべきときは、きちっとやる。また、ふざけるときは、ふざけられる。そういう「オン、オフ」の切り替えができる人間だ。そうした能力は、40歳前後のおじさんから高校を卒業したばかりの子どものような若手まで、年齢層が幅広いプロ野球界では、存分に生かされていると思う。

愛知学院大学、トヨタ自動車と、大学、社会人チームを経ているとはいえ、プロではまだ19年が3年目とキャリアは浅い。本来ならば、苦手というか、合わない人間も多少はいるはずだが、そういったそぶりを一切見せずに、誰とでも分け隔《へだ》てなくうまくやっている。

僕は最初に彼と対面したとき、寡黙《かもく》で職人肌のような感じかと思っていたので、ふざけるときに思いきりふざけられることを知ったときは意外だった。それは、二枚舌とか二重人格ということではなくて、空気を読めるということだ。

僕といちばんつながりが深いところは、やはり18年まで1、2番を組んできて、19年は2、3番もあるなど、常に連続する打順であるという点だろう。僕が1番、源田が2番のとき、僕がもっと盗塁を仕掛けるタイプであれば、アイコンタクトや直接のサインなどを作って走るタイミングを共有するなど、連係していたと思う。

でも、僕は毎回のように仕掛けられるタイプではないので、極端な話、内野ゴロになっても源田が一塁で生きて走者が入れ替わってもいいよというスタイルだった。だから、ほとんど彼の裁量に任せて、好きなように打ってもらっていた。

具体的に話をしていた内容も、極めてシンプルだ。僕は彼がライオンズに入団してすぐのころ、「無理して右打ちしたり進めようとしたりするバッティングをしなくていいよ。（併《へい》殺崩《さつくず》れになって）俊足の君が一塁に残れば自分でプレッシャーをかけ続けられるんだし」と話したことがあるくらいだ。それを聞いて本人がどう思ったかはわからない。でも、表には出さなくてもプロに入ったばかりで、彼なりに苦労していた部分はあったと思うので、少しでも気持ちがラクになっていたなら、それでいい。実際、彼は1年目の17年に見事な結果を残してパ・リーグ新人王を獲得したのだから、のびのびやれたのだと思っている。

源田がライオンズに入ってきて1、2番を組むことで、逆に、僕のほうが恩恵を受けている部分が多いかもしれない。源田は1年目の17年はとくに対左ピッチャーの打率が高かったので、例えば走者二塁で一塁が空《あ》いている場面でも、僕に対して相手バッテリーが逃げずに勝負してきたことが多かった。そうなると、「フォアボールでもいい」という投球ではなく、ストライクを取ろうとする。すると、甘いところに入ってくるチャンスが増える。

その意味で、17年に僕が首位打者を獲れたのは、彼の存在感に助けられたところはあった。むしろ、感謝しなくてはいけないのは僕のほうかもしれない。

このような経緯もあって、1、2番のコンビネーションとして最も印象に残っているのは、18年8月17日の北海道日本ハム戦で源田が一時勝ち越しとなる犠牲フライを打ったときのことだ。2対2の同点で迎えた6回裏。無死から出塁した9番打者の金子侑司が盗塁して、僕がセンターフライを打ったときに金子はタッチアップで三塁へ進み、一死三塁という場面を作った。そして、2番の源田が左中間に勝ち越しの犠牲フライを打ったのだった。実を言うと、最終的に試合には敗れてしまうのだが、僕にとっては感慨深かった。

この試合は、北海道日本ハム先発の変則左腕・堀瑞輝《ほりみずき》を打ちあぐむ試合展開で、僕も源田も前の打席まで堀にやられていた。けれど、金子が果敢に盗塁を決めて作ったチャンスを僕がつなぎ、源田が僕の思いも汲《く》んだかのように勝ち越し点に仕上げてくれたことがす

ごくうれしかった。彼も同じく喜びを感じていたようで、ベンチに戻ってきたときに2人で抱き合ったほどだった。少々イレギュラーな形だが、1番と2番による共同作業と言っていいだろう。

ただ、だからといって、プライベートでも源田とベタベタしているかと言えば、そんなことはない。先に述べたように、源田は幅広い人間と付き合えるタイプ。僕と食事をするのはごくたまにという感じだ。その食事のときには、あまりお酒も飲まないし、飲んでも普通の人と同じように少し陽気になるくらいなので、極端に弾《はじ》けることもない。

ただ、うちの2人の子どもたちは源田のことが大好きで、優勝旅行でハワイに行ったときも、よく遊んでくれた。子どもたちと手をつないで歩いていたほどだった。

強《し》いて彼に注文をつけるとすれば、若いのに隙《すき》がなさすぎるところだろうか。でもまあ、隙がないのは選手としてはいいことしかないので。それどころか、僕がセンターから中継に入った源田に投げる送球が少し乱れると、「秋山さん、もっとこっち」と言ってくるくらい。でも、それはそのとおりで、僕がしっかりしなくてはいけないことだし、誰に対してもうまく伝えられるのは、むしろ見習うべきところだ。その能力を生かして、野球でのプレーはもちろんのこと、チーム内のコミュニケーションにおいても素晴らしい「つなぎ役」であり続けてほしいと思う。

第7章

心を豊かに、そして安らぐ

～明日への活力となるヒント～

プライベートであっても、結局、野球話が安らぎとなる

第7章は、チームメイトや同級生とのプライベートでの交流や、毎年開催している「ひとり親家庭支援イベント」への思いなど、野球のプレーからは少し離れた話題に移ろうと思う。また、大そうなものではないけれど、ちょっとした趣味などについても触れてみたい。

プロ野球選手は、シーズン中は連日試合が続くため、たまに休養日があったとしても、なにもかも手放しでのんびりすることはできない。それでも、つかの間の安らぎや豊かな心を得られれば、それが翌日以降のモチベーションアップや、精神の安定につながる。また、オフの場合は、シーズン中にはできないようなリフレッシュをすることにより、翌シーズンに向けての鋭気を養える。そんな僕なりのハートの部分を紹介していこう。

ごく当然のことだと思うが、僕はチームメイトとは、分け隔《へだ》てなく接している。若い選手が多いけれど、みんな変に遠慮をしないところは、最近のライオンズのチームカラーだ。

僕がいちばん仲良くしているのは、キャッチャーで1歳下の岡田雅利《まさとし》だろうか。ファン感謝イベントなどでのやりとりを見たことがある人なら、ピンとくるだろう。岡田とは、ポ

ジションはまったく違うが一緒にいることも多いし、ひとたび野球の話が始まったら２人で長い時間話し込んでしまう。彼と野球の話をしていると、飽きないのだ。

プロ野球選手といっても、野球の話をしていい人間と、ちょっとできないと思える人間がいる。もちろん、現場で仕事として話すのは、必要なことなので当然する。でも、食事の場にまで野球の話を持ち出すのを好まない人もいる。もちろん、僕だっていくらなんでも野球の話が10割というわけではないので、それはそれで構わない。ただ、僕はお酒や食事の場にいったときでも、なにかのきっかけでパッと野球の話になってしまうことがある。そして、一度始まったら長い（笑）。だから、それを好まない人を巻き込んではいけないとは思っているのだが、どうにも止まらなくなってしまうのだから仕方がない。

僕が野球の話をしだすと、おそらく、「今くらい野球の話はしなくていいじゃん」と内心思いながら渋々付き合っている者もいるだろう。でも、岡田は喜んで野球の話に乗っかってきてくれるからうれしい。ほかにも、山川穂高や森友哉も野球の話が好きなタイプ。あの２人はよく一緒に行動しているが、そのときは野球の話ばかりしているという。

僕が野球の話をするときは、自分だけが話すのではなく、バッテリーや内野手の意見、考え方も聞くように心がけている。なにしろ、僕は外野しかやっていないから、ほかのポジションにまで気が回らないことが多い。配球や内野のシフトなど、実際に関わっていて、細かいことが見えている人たちの話を聞くと、「へぇー、そう考えているのか」と、いまだに新しい発見を得られる。また、僕とはあまり接点がない選手の性格や考え方などについて知ることができるのもありがたい。普段からチームメイト全員と深く話ができればいいけれど、実際には難しい。僕が直接話をしているときには、すべてをさらけ出さない人もいるので、そういう人と親しくしている人から情報を聞けるのは貴重な機会になる。

野球の話は、岡田以外に左腕投手の武隈祥太《たけくましょうた》とも、よくしている。武隈は岡田と同い年で、僕の1歳下だ。年齢的に近いので、気兼ねなく話をすることができる。

岡田と武隈の世代は、ほかにもチームのムードメーカーでもある熊代聖人など、野球の話が大好きな面々が揃《そろ》っている。彼らは同級生で集まると、ずっと野球の話をしているそうだ。僕もたまにその集まりに混ぜてもらうときがあるけれど、まるで同い年の仲間のような扱いをしてくれる。だから、遠慮することなく、野球の話を語らせてもらっている(笑)。

もちろん、実際の同年齢の仲間たちともいい関係を作れていると思う。木村文紀に、リリーフの増田達至《たつし》と大石達也、あとは高橋トモミン(朋己《ともみ》)。トモミンはなにかにつけて突っ込みたくなるようなちょっかいばかり出してくる。そもそも、しゃべることすべてがどうでもいい内容ばかりだし、とにかく声がデカい! でも、彼の頑張りがリリーフ陣を支えていた時期もある。故障からの復調待ちで現在は育成契約だが、しっかり完治して復帰を果たし、また底抜けの明るさでチームを賑《にぎ》わせてくれることを願っている。

このように、チームメイトと交流をするにしても、僕はどうしても野球の話になることが多いが、それは仕方がない。もちろん、できるだけ空気を読む努力はするけれど、やはり僕は野球が好きなのだ。そして幸いなことに、それが職業でもある。ときには、食事などプライベートの場の会話の中から、プレーに直結するヒントを得るときもある。グラウンドを離れたところでも、いわゆる「野球力」を養うチャンスはいくらでもあるということだ。

他球団の同い年で集まるときは、喜んで連絡係を引き受ける

ライオンズ以外の他球団の選手と交流する機会もなくはない。例えば、「侍ジャパン」に招集されたときなどは、同年齢のみんなで集まって食事をすることがある。そういうとき、連絡をして人集めをするのが大変だが、その役割はたいてい僕に回ってくる。

直近では、18年11月の日米野球のときに、福岡ソフトバンク・柳田悠岐、広島・會澤翼《あいざわつばさ》、中日・大野雄大、それにロサンジェルス・ドジャースの前田健太と、僕の５人で集まったときもそうだった。何年か前のオールスターのときにも10人くらい集まったことがある。普

段そう簡単にはできないので、機会があれば、集まりたくなる。ギータ（柳田）も「おっ、いいね、やろう、やろう！」と言ってくれる。でも、そこから先は、「じゃあ、頼むわ」と言われがち（笑）。残念ながら、分担して、「じゃあ、俺、誰々と連絡とるね」という話までしてくれる人は少ない。だから、毎回、連絡係を引き受けている。人数集めと、日時のすり合わせ。要するに、いちばん面倒くさい部分だが、「俺がしないと」という使命感で、みんなに声をかけている。連絡手段としては、球場で会えたときは直接やりとりしたり、手元に情報が残るほうがいいのでLINEも使ったりして調整していく。ただ、店の手配については、その土地に詳しい人間が行うので、僕の出番はない。

同い年のメンバーが集まったときは、野球以外の話もけっこうする。例えばファッションの話題など、僕がまったく興味がないジャンルのときは、話についていけないこともある。そういうときは、雰囲気だけ合わせているときも、実はある……（笑）。でも、ここぞというときには、やはり野球の話になって盛り上がるのでうれしい。

連絡係は大変だが、よく考えれば、集まってくれるだけでもありがたいこと。なにかしら理由をつけてことわることもできるのに、たいがいは顔を出してくれる気のいい面々だ。

年齢が上がってくれば、現役を退《しりぞ》く人間も増えていくので、同じメンバーが揃うのはますます難しくなっていく。それは、プロ野球選手の宿命でもある。だからこそ、チャンスがあるときは集まりたい。面倒な役回りではあるけれど、同級生たちとの場はリフレッシュにもなるし、「みんなに負けないように頑張ろう！」という刺激にもなる。ひと肌でもふた肌でも脱ごうではないか！　その一心で、僕はいつも連絡係として奔走《ほんそう》している。

服装やアクセサリーで着飾ることは考えない

僕は、つくづく趣味のない人間だなと思う。まず、根本的に物欲がない。必要なものはもちろん買うけれど、プロ野球選手の多くが買い集めるブランド物の服やアクセサリーといった外見を着飾るものには、興味がわかないのだ。車も今のところ買い換えようと思っていない。それでもプロ1年目あたりと比べたら、多少は手広く物を買うようになったが……。

でも、やはりファッションというのはガラじゃない。例えば、僕と金子侑司が同じ服を着ていたら、見ている人はどう思うだろうか？　いや、それどころか、彼がユニクロの服を着ていて、僕がブランド物をまとっていても、金子のほうが格好良く見えるだろう。

まあ、僕は生まれながら現在に至るまでにキャラクターの設定をし損《そこ》なったというか、早めに悟ったというか。ひねくれすぎか？　いやもう、そうならざるをえないくらい、派手に着飾る方面とは縁《えん》のない人生をすごしてきた(笑)。僕はきっと、そんなオーラを日ごろから放《はな》っているのだろう。「服のことは、どうせわからないでしょ?」みたいな感じで、まわりがしゃべってくることが多い。でも、実際そうなので、ある意味ラクではある。

時計やアクセサリーなどについても、以前に『ジョブチューン』という番組に出演させていただいたときに話したことが事実だ。高価なものと言えば、プロ入り1年目のキャンプのときに、当時ライオンズでプレーしていた涌井秀章さん(現千葉ロッテ)に開幕一軍入りしてスタメン出場したお祝いで買っていただいたロレックスのサブマリーナーくらいしか持っていない。それ以上所持する必要性を感じないからだ。資産として、あるいはステイタスとして、「いい加減、少しは見栄《みえ》を張ったほうがいいよ」と言われることもあるけれど、「涌井さんのがあればいいじゃん。使わなきゃそのまま残るんだし」と思ってしまう。

そもそも、買ってもらった当時は、単純に「時計といったらロレックス」という漠然《はくぜん》とした感覚しかなく、どちらかと言えば年齢が上の人向けのブランドであると知ったのは、ごく最近になってからのことだった。

その一方で、練習に使うようなウェアやシューズについては、体を動かすため、つまり仕事をするためのものなので、そこをケチってはいけないという気持ちはある。ただ、最近では契約しているメーカーが用意してくださることが多いので、細かいところまでこだわることはない。でも、プライベートでスニーカーと革靴《かわぐつ》のどちらにしようかというときに、歩く時間が長そうなら、足が疲れないスニーカーを選んでしまうだろう。少し我慢しておしゃれな革靴にしたら？　と言われても、それはつらい。おしゃれのほうを頑張ったとしても、誰も評価してくれるわけでもないんだし……と思ってしまう。

「そんなことない、格好いいですよ。自信を持ってください」

ごくまれにそう言われることがあるけれど、これはかりはもう思い直すのは無理そうだ。これまでの人生で「お前、似合わないなぁ」と、僕を散々イジってくださった先輩方の刷り込みは強力だ（笑）。もう、僕はおしゃれの側にはいけない。だから、自宅にいてちょっとした用事で外に出るときも、「ジャージでいいかぁ」となる。このあたりは、きっと変わらない。

僕は野球選手。華やかさよりも、思うように体を動かせる服装のほうが性《しょう》に合っている。

趣味は明日の本業へのリフレッシュのために

野球以外のスポーツでは、アメリカンフットボールを見るのが好きだ。オフに日本で放送されている中継を録画して、けっこう見ている。好きなチームは同じ「ライオンズ」ということで、デトロイト・ライオンズを応援中。ときには、西新宿にある専門のショップに行って、グッズを買うこともある。

僕は野球選手なので、野球のシーズンに入ったら野球に集中するけれど、アメフトは野球とはシーズンが真逆なのでちょうどいい。僕にとっては数少ないオフの楽しみの1つと言えるかもしれない。日本で中継される数はそれほど多くはないので、ライオンズばかりを追いかけるというのではなく、放送されているものは頓着《とんちゃく》せずに見る感じだ。

アメフトはだいたい40秒間隔で次のプレーに移るので、録画したものを見ているときは、レコーダーの30秒先にスキップできる機能がピタリとハマる。本当ならば途中もチェックしたいけれど、時間にも限りがあるので、この機能を利用してサクサクと見る感じだ。

ポジションはクォーターバックが好きだ。いいパスを出すクォーターバックがいると、「すげー!」とか言いながら、その選手の名前を覚えたりして楽しんでいる。

それ以外に強《し》いて趣味と言えるものがあるとしたら、ラジオを聴くことだろう。ラジオなら遠征に出ているときでも、車に乗っているときでも聴ける。今なら、スマートフォン用のアプリも便利だし、タイムシフト予約があるから、場所や時間を選ばずに聴けるのもいい。

僕は、自分が出場している試合のラジオ中継を後追いで聴くようにしている。これは、趣味というよりは仕事の一部。テレビ中継をチェックするのと同じように、ラジオの中継でも自分のプレーについて触れられているシーンを聴く。もちろん、そのときに僕が実際の場で考えていたこととは感覚の違う話になっていて、正直、「なに言ってんだよ？　このときは、こういうことを考えていたんだよ」と思うこともある。でも、逆に、「あ、そういう考え方もあるのか」と気づかされることも多いので、ヒントにさせてもらったりもしている。

趣味としてのラジオ鑑賞では、お笑い芸人の番組を聴くのが好きだ。ナイツやバナナマン、オードリーなど、幅広く拝聴している。芸人さんのラジオを聴く理由は、単純に掛け合いを楽しんでいるところもあるけれど、時事ネタを扱っているという部分も理由の1つ。「それはニュースを見聞きすればいいのでは？」と思う読者の方もいるかもしれない。でも、コメンテーター独自の解説やとらえ方が手軽に入ってくるので、これも「ああ、そういう考え方もあるのか」と、普通にニュースで知るよりも勉強になるのだ。

もちろん、スマホで動画サイトなどを見れば、同じようにニュースやその評論をチェックすることができるかもしれない。ただ、僕は遠征などの移動中に利用することが多いので、新幹線などで映像をチェックしていたら、誰にそれを見られているかわからない。そのあたりは、気をつかうようにしているので、ラジオは重宝している。

そのほかには、思い浮かぶ趣味が本当にない。賭《か》け事は一切やらないし、カラオケは嫌いではないけれども趣味というほどではない。昔からジャニーズ系、ＳＭＡＰや嵐、Ｋｉ nKi Kids、TOKIO、V6、NEWSくらいまでの曲ならだいたいわかるけれど、残念ながらHey！Say！JUMPやキンプリ（King&Prince）の曲まではわからない。その程度だ。

女性アイドルや女優さんで好きだった人というのも、木村拓哉さんが主演のドラマ『プライド』に出演していたころの竹内結子さんが「いいなあ」と思ったくらいなので、もう、15年も前のことだ。ちなみに、僕は木村拓哉さんが出演しているドラマはよく見ていた。『プライド』のほかにも『エンジン』や『MR．BRAIN（ミスターブレイン）』など、一部、DVDを購入した作品もある。

逆に、映画館にはあまり行かない。1時間半とか2時間ものあいだ、あの空間でじっと見続けることができないのだ。なので、映画もDVDで見る。洋画のアクション系は好きなので、『オーシャンズ11』、『Mr．&Mrs．スミス』、あと、トム・クルーズが主演のタイトルや、ジャッキー・チェンとウィル・スミスの息子さんが共演していたリメイク版の『ベスト・キッド』など、タイトルを挙げたらキリがない。そのすべてをスラスラと挙げることはできないが、映画館に行かない分、DVDはけっこう買っている。

ただ、家のテレビはごく普通の大きさなので、画面の迫力を味わうようなことができないのは残念だ。「大画面のテレビを買えばいいじゃないか？」と言われることがあるけれど、昔からあるテレビが壊れたわけでもないので、「動いているうちは、それでいいか」と思ってしまう。困った性分《しょうぶん》だが、こうしたことを含めて自分の性格なのだろうと、今ではあきらめて納得するようにしている。

プロ野球選手の中には、例えば山本昌《まさ》さん（元中日）のように多彩な趣味を持ち、それを極めてしまうような人もいる。でも、僕にとって趣味というのは、あくまで気晴らしの1つ。好きではあるし、それなりに興味を持つけれど、幅広く手を出すようなことはない。本業はあくまで野球。そして、実は野球そのものが「最高の趣味」なのかもしれない。だから、気持ち良く野球ができるようにリフレッシュできれば、それで十分だと思っている。

同じ境遇の人の励《はげ》みになればと、ひとり親の招待イベントを開く

僕は1人のプロ野球選手として、ファンサービスや社会貢献活動も大切だと考えている。15年からシーズン中に4～5回ほど、「ひとり親家庭支援」という招待イベントを開催するようになった。これは、球団と、埼玉県母子寡婦《かふ》福祉連合会、東京都ひとり親家庭福祉協議会、横浜市母子寡婦福祉会、群馬県母子寡婦福祉協議会のご協力のもとで実施していて、

一度の開催でおよそ40名近くの親子を招待している。

きっかけをいただいたのは球団からだが、「そういう事業があるのなら、ぜひ、やりたいです」と返事をして始めた。プロに入りたてのころは、「レギュラーとして試合に出られるような立場にならなくては、慈善活動に目を向ける資格などない」という心境だった。そのため、埼玉西武では、それ以前から炭谷銀仁朗《すみたにぎんじろう》さん（現巨人）や栗山巧さん、渡辺直人《なおと》さん（現東北楽天）が難病の子どもなどを招待していたけれど、僕自身はなかなか踏みきれなかった。

でも、15年は開幕から好調だったこともあり、タイミングとしてはちょうど良かった。自分の中でなにかを切り替え、いろいろなものを背負ってプレーしていく決意が固まった時期だった。そこへ、僕にとってもいちばん共感できる「ひとり親」への支援になるような招待をする話だったので、ことわる理由はなにもなかった。

ひとり親の家庭というのは、僕が体験していることとして、とにかく生活するのが精一杯で、家族揃《そろ》って遊びに行くような時間が作れない。それが実情だった。

親がひとりしかいないというだけで、如実《にょじつ》に生活が大変になる。たとえ、経済的に苦しくて共働きであったとしても、親がふたりいればフォローし合うことで多少はやりようがあると思う。ところが、ひとり親だと仕事に行かなくては生活が成り立たない。そのため、どうしても仕事優先になってしまう。ましてや、プロ野球を見に行こうとしたら、お金も

i believe lions.
i believe lions.

セブン-イレブン
セブン銀行
SEIBU
SOGO
東京 No.1 オフィスビル 220棟超
住友不動産
omron
HITACHI
三井住友銀行
エビスビール
Lions
Lions
CATCH the ALL

かかるし、時間も作らなくてはいけない。普通は難しいのが現実だろう。

でも、「招待」であれば、多少は行きやすくなるというものだ。それに、こういうイベントが1つ決まると、その何日か前から当日が楽しみになる。そのあいだ、子どもはもちろんのこと、一家全体がずっと明るくすごせるのではないかとも思っている。

僕自身は、父が亡くなってからの中学以降、ずっと野球ばかりの生活になってしまったので、家族で揃って出かけた記憶があまりない。もしかしたら何度かあったのかもしれないけれど、いずれにせよ僕は野球優先だったので、おそらくほとんど行っていなかったはずだ。ただ、弟が僕と同じ横浜金沢シニアで野球をやっていたときに、当時、ヤクルトでプレーしていた岩村明憲《あきのり》さん（現在はBCリーグの福島レッドホープス球団社長兼監督）による「岩村シート」に招待され、神宮球場でのヤクルト戦にチーム単位で観戦しに行ったことがあった。なんのきっかけもなく普通に家族で野球を見に行こうとすれば、おそらく「そんなの、無理に決まっているだろう?」となっていたはずだが、招待だったことで、母も「なんとかしよう」とやりくりしてくれた。弟のことで、僕が参加したわけではないけれど、当時、「すごくいい機会をもらったなぁ」と思った記憶が今も強く残っている。

別に野球をしていなくたっていい。そんな子どもだって、プロ野球を見に行きたいと思うことはあるはずだ。野球のことはよくわかっていなくても、ディズニーランドに行くような感覚で楽しんでくれればいい。ああ、ライオンズは西武グループだから、ディズニーランドではなくて西武遊園地や八景島《はっけいじま》シーパラダイスにしておこうか（笑）。いずれにしても、ひとり親家庭では「チケットがあるのなら、なんとか都合をつけて行こうか！」という機会が外から発生する必要がある。僕の招待がきっかけになって、野球をよりいっそう好きになってくれるのであれば、微力ではあるけれど、野球人気の向上にもつながる。野球界の未来に貢献できるのならば、なおのことうれしい限りだ。

また、このような招待イベントを企画することにより、僕自身も身が引き締まるところがある。母親に苦労をかけたという気持ちをもう一度呼び起こすきっかけにもなるし、招待している以上、試合で無様《ぶざま》な姿を見せるわけにもいかない。今のところ、そのあたりの心理が空回りすることなく集中できていて、18年は4度の招待試合で17打数7安打、2打点で、打率4割1分1厘。お立ち台にも2回上がることができた。19年も、最初に招待した5月5日のゲームで先制ソロホームランを含む4打数3安打、2回目の6月16日もダメ押し3ランを含む3打数2安打。どちらも勝利に貢献することができたので、ホッとしている。

イベントが終わったあと、ご協力いただいている各団体を通じて、招待した親子からお手紙をいただいている。当事者であるお子さんからというのもあれば、親御《おやご》さんからの手紙もあって、「招待していただいて、本当ありがとうございます」「野球を初めて見ました。

本当に楽しかったです」などといった言葉をいただくだけでうれしい。こうした手紙は、いつも母にも渡して読んでもらっているのだが、母も大変喜んでくれる。

父が早くに亡くなったことは不幸だった。でも、僕がそれを今、力に変えられている。そして、わずかだが、母や僕と同じ境遇で苦労しているご家族の役に立っている。母も手紙を読むたびに「今まで頑張ってきて良かった」と実感してくれているようだ。

この招待には、僕も毎回、力をもらっているという手ごたえがあり、ありがたいなと思っている。できる限り続けていけるよう、長く現役の第一線でプレーしていきたい。

支えてくれる妻には、感謝以外、なにもない

この章の最後に、妻との馴《な》れ初《そ》めなどについて触れておきたい。それこそエゴサーチではないが、僕に関して出回っている妻との馴れ初めを含めた情報が事実と若干《じゃっかん》違うことがあるので、改めて述べておこうと思う。

僕と妻は、よく「幼なじみだった」とされていることがあるけれど、事実としてはそうではない。最初のきっかけは、お互いの父親同士が先輩後輩の関係だったところにある。父

親２人はともに高校までずっと野球をしていて、その後も一緒に草野球をしている間柄《あいだがら》だった。そして、たまたまお互い、同じ年に生まれた子どもが、僕と妻だった。

住んでいた場所は同じ学区ではなく、もっと離れていたので、小学校、中学校、高校と、学校はすべて別。どこかで、「高校の同級生」と書いてあったのを見たことがあるけれど、それも間違いだ。草野球の集まりで、父親同士が子どもを連れてきたときに顔を合わせたことはあったが、まともに話をした記憶はほとんどなく、知り合いというほどの接点すらなかった。むしろ、お互いに親御さんのほうの顔をよく知っていたくらいだ。

それが、付き合うようになったのは、僕が高校最後の06年夏の大会に負けて、高校野球を引退したあとの９月ごろだったと記憶している。父の法事のときかなにかで父が生前プレーしていた草野球チームのみなさんが自宅に集まってくださったときに、引退した直後で僕がその場にいたので、「だったら呼ぼうか？」という話になり、妻もあとからやってきたのだ。このとき本当に久しぶりに会ったのが、最初のきっかけだ。

その後すぐ、僕はプロ志望届を出していたので、当時、彼女にこう切り出した記憶がある。

「もし、プロになったら、どこに行くかわからないし、指名されなかったら八戸大学に進むことになりそうなので、遠距離になっちゃうけど、付き合ってくれますか？」

今思えば、たぶん、このタイミングでしか言えなかったと思うけれど、無事にＯＫをもらえたので、付き合うことになった。

結局、このときは大学へ行くことになったため、予告に含ませていたとおり、すぐに遠距離恋愛となった。妻にとっては我慢の期間にさせてしまったが、それでも、春秋に開催される大学のリーグ戦の時期になると、遠くから試合を見に来てくれた。もちろん、遠征や全国大会に出場したときには、僕が関東に来るので会うようにはしていたけれど、当然、試合が組まれている最中なので、本当に顔を合わせる程度しか時間がとれず。大学での4年間は、実質、9割方離れているような感じだった。

できたことと言えば、せいぜい電話くらい。当時、確かPHSを使用していたと思うが、少しでも通話料を抑えるために、3つくらい特定の番号だと料金が大幅に安くなるプランに入り、妻は僕と話すために携帯電話を別途購入して2台持ちにしていたほどだった。

そして、僕がプロ入りしてからは、住む場所がライオンズの本拠地である埼玉県所沢《ところざわ》市に移ったので、地理的にはかなり近づいたのだが……。シーズン中の僕の休みは月曜日がほとんどだったので、今度は時間を合わせるのが大変だった。すでに保育士の仕事をしていた妻は、月曜日を早番にしてもらう。僕は朝少し練習したら、午前中から2時間くらいかけて電車で横須賀のほうへ帰る。彼女は仕事が夕方ごろ終わるので、それから会って、ごはんを食べたりしたあと、ドライブがてら車で所沢に送ってもらうという感じだった。そのため、彼女は自宅に戻るのが夜中の1時を過ぎることもあったという。今思えば、負担をかけてしまったなと思う。

「だったら、早く結婚すれば良かったのに」というツッコミが来そうだが、僕の中では、やはりプロで少なくとも3年やって一人前という考えがあった。それに、まだレギュラーを確定させたわけでもなかったので、すぐにというつもりはなかった。3年目の13年、寮を出なくてはいけない時期になり、また結果的に全試合出場も達成した良いタイミングということで、オフに結婚式を挙げた。

こうした経緯に反して、話が伝言ゲームのように変化してしまい、「少年のころからの愛を貫いた」みたいな誤解を招いていることがある。でも、そんな美しすぎる話ではない(笑)。

様々な方面からの誤解を解いておきたくて、けっこう細かいところまで述べてしまったが、妻も許してくれると思う。結婚を発表した際に、「彼女には感謝の気持ちしかないです。そんな彼女を幸せにしたいです」とのコメントは本心そのものだし、これからも変わることはないだろう。今は2人の子どもの面倒を見ながら、家庭を支えてくれている。

家庭が安定していれば、僕はよけいなことを考えずにすむので、野球に専念できる。それは、安定した平常心につながり、ひいては、プレーそのものにも好影響を与えるだろう。その意味においても、今は、結婚を発表したとき以上に、妻に感謝している。

Majestic
55

第8章

未来へ向けて思う

～チーム、キャプテンシー、僕の道～

大人の世界のキャプテンは結果がすべて

この本の最終章となる第8章は、おもに未来に向けた僕の思いの丈《たけ》を述べていきたい。2011年からスタートした僕のプロ生活も、19年にはや9年目を迎えた。年齢も31歳。来たる選手人生後半への募《つの》る気持ちもある。

19年シーズンから僕が就任したキャプテンの意義や、早ければ19年のシーズン後に決断するかもしれないメジャーリーグへの移籍について、また20年に東京で開催されるオリンピックに対して、僕がどのように考えているのか。すべてを述べるのは難しいけれど、その一端《いったん》を知ってもらえたらと思う。

僕なりに熱い気持ちをこめた核心的な部分なので、ほかの章に増して、多少感情が入った表現もあるが、許してほしい。少しでも響くものを感じてもらえたら幸いだ。

18年のシーズン終了後、優勝旅行でハワイへ向かう際に、辻発彦《つじはつひこ》監督（元西武など）から「来年、キャプテンをやってほしい」と打診された。その後、自分の中では今ひとつ気持ちの落としどころが見つからぬまま引き受けることになり、19年が明けて早々に就任が正式発表された。

ライオンズのキャプテンは、17年から18年の2年間は後輩の浅村栄斗が務めていた。浅村のＦＡ移籍に伴《ともな》い、年上の僕に逆戻りする形で指名されたわけだが、基本的にはキャプテンになったからといって特別なにかを変えなくてもいいと思う。

そもそも、僕は浅村がキャプテンになったときから、「自分もチームに目を向けていかなくてはいけない」と考え、行動してきた。肩書きこそなかったが、できることは協力していたつもりだ。浅村はわりと口べたで行動をもって示すタイプだったので、よくしゃべる部類の僕がサポートをする。この形はそれなりにバランスがとれていたように思う。

その「よくしゃべる男」である僕が、今度は正式にキャプテンになったわけだ。さて、どうしようか？　「よくしゃべる」ということは、細かいことまで物事を伝えられるという意味では武器になる。けれど、しゃべりすぎるとうるさがられるのは明白だ(笑)。やりすぎは良くないことかもしれない。でも、今までと変わらぬスタイルでしゃべることに徹するほうが、寡黙《かもく》な浅村とはまた違うキャプテンの色になるので、それはそれでいいと思う。若い後輩たちも、将来はいずれ誰かしらキャプテンをやるときが来る。そのときまでにいろいろなタイプを見ておくことは悪いことではない。浅村タイプと僕タイプのどちらがチームにとっていいか、あるいは自分ならどっち寄りになるかを、後輩1人ひとりが考えることができるだろう。だから、僕はあえて自分のスタイルを変えないことにした。そもそも、細かいことにうるさいのは、今に始まったことではないので……(笑)。

でも、「プロ野球のチームにおけるキャプテンというのは、いったいどういう意味合いがあるのだろう?」と考え出すと、意外に悩ましい。僕は学生のときにキャプテンの経験があるけれど、そのころはなんといっても子どもの集団だ。当時、やっていたことと言えば、監督から受けた指示を選手に伝えたり、号令をかけたりするくらいのことだった。

しかし、プロは大人社会だ。監督からの指示は、直接であったりコーチを通して伝えられたりするものなので、キャプテンは関与しない。それに、個々の成果が契約や給料になってあらわれる世界なので、「しっかりやれ!」なんて言わなくても、みんな普通に自覚している。そもそも、プロ野球の球団には、キャプテンを置いているチームとそうでないチームがある。だから、キャプテンは絶対に必要なものでもないのかもしれない。

だとすると、「キャプテンはなんのために、誰のために必要なのか?」と、キャンプ中から自問自答してきた。

今回は辻監督の強い希望で僕がキャプテンに任命されたそうだが、渡辺久信GMやフロントのほうでは、「キャプテン制をなくしてもいいのではないか」という意見もあったという。それが、現場の希望で残すことになったという流れだ。

ならば、現場で必要とされるキャプテンの理想像とはどのようなものなのだろうか? ユニフォームの左胸のところにキャプテンマークの「C」がつくとはいえ、形だけのものになりかねない。にもかかわらず、外からは「キャプテンだから」とか「キャプテンなのに」と言われて、いらぬプレッシャーと戦うだけのものではないのか？　などと、いろいろと考えてしまう。

ただ、大きなことととして、チームにおいて選手を代表する立場になったというのは確かだろう。これからは、僕個人の発言が、チームを代表する発言ととられることも増える。多くの人が以前よりも少し違う目で僕を見るようになるはずで、コメントする際も、以前より配慮が必要だ。でも、僕は思ったことをわりと正直に話してしまうほうなので、はたしてメリットになるのだろうか？　などと思ってしまうのだが(笑)。

実際、キャプテンになってからは、ほかの選手としゃべっていることがよりクローズアップされている空気を感じる。前年までと同じように接しているつもりなのに、「今、なにを指導していたんだろう？」という目で見られやすくなった。炭谷銀仁朗さんや浅村、菊池雄星などがいなくなった分、そういう意味合いでスポットが当たりやすくなってしまった。ずっと同じようにやっているのに、「去年とは違う」と言われるのは、少しつらいものがある。

ライオンズは伝統的にキャプテンを置いている期間が長い。古くは1980年代の石毛《いしげ》宏典《ひろみち》さん（のちに福岡ダイエーにも在籍。元オリックス監督）や、松井稼頭央《かずお》さん（のちに東北楽天などにも在籍。現埼玉西武二軍監督）も歴任している。当時の記事などを読むと、選手同士がお互いに野次《やじ》り合ったり、より質の高いプレーをするため厳しいことでも指摘し合うような雰囲気作りをしている……と書かれていた。このあたりはよくわかる。ヒントになりそうだと感じた。30年くらい前の話であっても、現在と共通する必要なことだ。

お互いに指摘されるのを怖《こわ》がって言うべきことを言えないようでは、チームとして、それ以上、前に進めない。決してケンカではなく、「ダメなものはダメ」と指摘できれば、勝つために真に欠かせないことを共有できる。その意味では大事なことだ。

その点については、僕も以前から同じ考えだった。ダメなものは、ほかの選手に指摘してもらったほうがハッとさせられることもあってありがたい。今のチームでも、源田壮亮などは、すでにハッキリと言ってくれている。僕も意固地《いこじ》に突っぱねるのではなくて受け入れるとともに、以降は言われないように頑張っている。こうした、お互いに忌憚《きたん》なくものを言い合える空気感を作っていくのは、キャプテンの仕事の1つかもしれない。

このように悩みながらも、プロ野球におけるキャプテンの役割については、結局、明確な答えを見いだせないままシーズンをすごしている。だが、まずは、今までと同じようにプレーでいい成績を残さなくては本末転倒だろう。さらに物差しとなるのは、チームの結

こんにゃくパーク
C

果である。浅村が移籍して、僕がキャプテンになった19年にライオンズのチーム成績がガタ落ちとなったら、評価されるはずがない。炭谷さんや雄星が抜けたからといって、言い訳にならないのがプロ野球の世界だ。

だから、まずは僕自身が結果を残して、チームも日本一になる。プロ野球におけるキャプテンの意義については、ずっとあとにこのシーズンを振り返りながら考えればいい。

そもそも僕は、自己評価よりも他者による評価のほうが正しいことが多いと思っている。僕がキャプテンをすることの意義についても、世論に委《ゆだ》ねるのがいいかもしれない。その際は、お手柔らかに評価していただけたらと(笑)。そう願っている。

メジャーリーグへの移籍は外国の会社へ転じるようなもの

18年のオフ、3年契約最終年となる翌19年の契約を更改したときのこと。「球団から20年以降の複数年契約についても持ち出されたが、ことわりを入れた。20年のメジャーリーグ移籍について含みを持たせた」という主旨の報道がなされた。その後、僕自身もメジャーリーグでプレーすることについて、「可能性がゼロではない」とコメントした。

メジャーリーグに関して、身近なところで言えば、18年までチームメイトだった菊池雄星や、同じパ・リーグで何度も対戦経験のある大谷翔平（元北海道日本ハム、現ロサンジェルス・エンジェルス）がいる。彼らは学生のころから海の向こうに憧《あこが》れをいだいていて、その夢を現実のものとした。

でも、現在の僕の立ち位置だと、結果を出さない限り、行きたいと思っても叶《かな》わない話だ。そもそも、雄星や大谷のように昔からメジャーリーグに興味があったわけではないというのもある。

「そんなことでは意志が弱い」とか、「ならば、なぜ行こうとするのか？」という意見もあるかもしれない。でも、ここ数年残してきた実績や自分の年齢を考えると、現実的な可能性として、そのチャンスが近づいてきたという実感はある。

何年か前なら、そんなことを口にすることもできなかった。まず、ライオンズのレギュラーとして確実に試合に出場することを考えなくてはいけない選手だった。もちろん、雄星や大谷も最初はそうだったかもしれないけれど、早い段階から強い思いを表に出していたことで、日本で成長して上り詰めていくこと自体が、メジャーリーグへステップしていくための過程になっていた。

僕の場合はまったく別で、日本で少しずつ成績を積み上げていきながら、いろいろな方面から話をうかがったり、情報が耳に入ってきたりする中で、メジャーリーグでプレーできるチャンスが「あるのかな？　ないのかな？」と探りながらすごしているのが実情だ。

確かに、18年秋の日米野球では向こうのピッチャーと対戦できて、日本とは違った興奮を覚えたし、これまで以上に興味も湧《わ》いた。でも、決して「なんでもいいからアメリカでやりたい」というスタンスではない。19年の誕生日で31歳になったという年齢的な部分もあるし、そもそもそんな簡単なことではないと思っている。

要するにメジャーでやるというのは、僕の中では、より高いレベルの職場に移るということを意味する。ごく普通に会社勤めをされている方にあてはめると、外国の大きな会社からヘッドハンティングされるかどうか？　という状況に近いかもしれない。よりスポットのあたるところでプレーすることに対する個人的な意欲はあっても、「レベル的に自分が通用するのか？」「日本であとどのくらい現在のようにやれるかもわからない中で、ここまで築いてきたものを捨ててまでアメリカに行くことが最善なのか？」といった現実的な懸案について、家族のことなども含めて、判断しなくてはいけない。

話が舞い込んできたからといって無条件で飛びついたり、アメリカの空気が吸えればそれはそれでいい経験だからダメ元で行こう……などと言えたりするほど時間的な猶予《ゆうよ》はない。だから、19年のシーズンをプレーし終えたあとで、自分に市場価値があるのかをシビアに、そして冷静に見極めるつもりだ。

ただ、ライオンズという球団は、主力選手がFA（フリーエージェント）やポスティングシステムなどでチームを出ていってしまう状況が続いているため、「なに？　出ていく？　またメジャー？　それともあの球団か？」となるファンの精神状態は肌で感じている。

17年のオフの12月ごろだったと思うけれど、とある雪の日に西武線の電車に乗ってメットライフドームへ向かったことがある。ちょっとした手違いで、車では間に合わなさそうだったので、電車でならと飛び乗ったのだが、そのときに、熱烈なライオンズファンというおばあさんに声をかけられた。

「本当に応援しているから。あんたは出ていっちゃダメよ。出ても、いいことなんてないからね」

こうしたファンの方々の生の声を聞くと、みなさんから末永くチームに残留することを望まれているのが実感できる。身に余る光栄でもある。

それでもなおメジャーを目指すべきなのか？　答えはまだ決めていない。

これまでの恵まれた野球人生や、僕を助けてくれた周囲のありがたみを十分理解したうえで、いずれしっかりと考え、答えを出すことになるだろう。

現時点では、自分でもどうなるのか、まったく予想がつかない。

契約交渉によって、自分の置かれた状況を把握する

前項のメジャー移籍の話に関連して、18年オフの契約交渉についてもう少し詳しく、正確に記しておく。先ほど述べたように、「球団が20年以降の複数年契約を提示したが、秋山がそれを固辞し、メジャーリーグへの含みを持たせた」という主旨の報道があった。でも、この場で本当の経緯を説明しておきたいと思う。

実は、正式な契約更改の前に、2度、下交渉があった。1回目は日米野球の開催前のことで、そこでは3年契約最終年の19年の話だけに終わり、20年以降の話はなかった。僕も、「ないんだな」くらいに思っていたし、日米野球でさして目立った成績を残すことがなければ、その後、2度目の下交渉で19年の具体的な金額調整をするだけで段取りは終えられたはずだ。

ところが、日米野球での成績がそれなりに良かったからなのか、2回目の下交渉のときに20年からの複数年契約の話が急に提示されたので、僕としてはすでにすんでしまった話としておことわりしたというのが本当のところだった。

このあたりが紹介されることなく、単純に「球団が複数年契約を提示したが、秋山がこ

とわった」という話だけがひとり歩きしてしまったために、ファンのあいだで、「ああ、やっぱりメジャーに行くつもりなんだ」というコメントが行き交《か》うことになってしまった。そのため、僕もこのあと1か月くらいのあいだ、いろいろと思うところがあって、「いや、そうじゃないんだよ」ということを示すために、メディアを通して少々荒れ気味に話していたと思う。それが、いろいろなところで発した「（20年からメジャーリーグに挑戦する）可能性はゼロではないです」というコメントの真相だった。

では、「実際のところはどうなのか？」と問われると、先にも述べているとおり、まだ、答えは出していない。本音のところで、「可能性はゼロではない」が正解かなと思っている。

今の日本のプロ野球選手は、誰でも若いうちに成績を残せば「メジャーリーグでプレーする」ことが次のステップになる可能性を秘めている。だから、最初から行きたいと思っている選手は、素直に「行きたい気持ちもあります」と言えばいいと思う。

ただ、僕の場合はそう断言できる状況ではないというのがある。繰り返しになるが、まず、メジャーにいける可能性が絶対ではないということ。チャンスは限られている。

でも、「メジャーにはまったく興味ありません」というのも違う。そうコメントするのもおかしい。かといって、「行く可能性があります」まで発言してしまうと肯定的《こうていてき》すぎる。

だから、「可能性はゼロではない」。これが、熟考した末に行き着いた僕なりの解答だ。繰り返しになるが、可能性はなくはないけれど、需要がないところに飛び込むつもりはない。必要とされてもいないのに、「とにかくアメリカに行きたいから」という気持ちだけで挑戦するほどタフでもないのだ。日本に残る可能性もある。だから、ゼロではない。

現在、僕はこの不確定な状況を一度受け入れ、封印した状態で、ペナントレースを戦っている。シーズン中はいっさい考えない。目の前の試合、目の前の1球に集中している。

このあたりの僕の心境を、ファンのみなさんに理解してもらえたらうれしい。

20年東京オリンピックに向けて、静かなる熱い思いをいだく

メジャーリーグへの移籍に大きく影響することとして、20年夏に控えている東京オリンピックがある。日本代表「侍ジャパン」に対しては、僕もかなりの責任や重みを感じている。

現在、代表監督を務めている稲葉篤紀さんからは、「侍ジャパン」の主要メンバーとして考えているとかねてから言われており、その信頼にこたえたいという気持ちが強い。もちろん、それはメンバーに選ばれたらという話であり、僕が一定の成績をあげて、なおかつ故障などのないコンディションを維持していなければ実現できないことではあるけれど……。

ただ、報道記事を読むだけでも、稲葉さんがチーム作りに苦心されているのがわかる。19年3月に開催された日本対メキシコ戦では、若い選手を数多く選出して試合に臨んでいたが、実際のところはもっと主力の選手に出てほしかったという希望もあっただろう。この時点で、東京オリンピック開催まで約1年半。できることなら、代表チームは長い時間をかけて形を作っていきたいに違いない。

だから、僕自身も19年11月に開催予定の「プレミア12」をはじめとして、今後、侍ジャパンに呼んでもらえるだけの状態を保つよう、力を尽くすつもりでいる。

ただし、「可能性がゼロではない」メジャーリーグに、もしも19年オフに移籍していた場合はさすがにオリンピック出場は厳しくなるだろう。メジャーリーガーはオリンピックに参加できないのが通例だからだ。でも、ライオンズでプレーしているのであれば、球団の人ともしっかり話し合って、呼ばれたときには出場したい。主会場が生まれ故郷に近い横浜なのでうれしい半面、その分、活躍しなければいけないというプレッシャーは感じるけれど、侍ジャパンの一員として勝利に貢献し、稲葉さんを世界一の監督にしたいと思っている。

そして、何度も言うが、そのために19年は1つの区切りとしてしっかりとプレーして結果を出さなくてはいけない。成績が伴《ともな》わなければ、ここまで述べたことも、「なに言っててんの？」となってしまう。そうならぬよう、日々、精進《しょうじん》しながらゲームに挑《いど》んでいる。

自分は自分であり続ける

本書も、いよいよ最終項。野球で言えばもう9回だ。長きにわたって「秋山翔吾」という人間を自ら解き明かしてきたわけだが、こうして活字になったものを見ると、僕の考えなどまだまだ浅いと痛感する。もちろん、自分ができる限りの努力を必死に続け、多少なりとも技術を積み上げ、さらに精度を高めてきたという手ごたえをつかんでいる部分はある。

でも、それを言葉で表現するのは、また違った難しさがある。ここまで読んでくださったみなさんにどこまで伝えることができただろうか。生来の融通《ゆうずう》のきかなさもあって、未熟なところを露呈してしまったかもしれない。それでも、「秋山翔吾」はこんな人間だということは、少しは理解してもらえたのではないかと思う。

そして、僕は引退する最後の最後まで、なにをするにしても妥協《だきょう》することができずに、意地を張りながら野球をし続けるのだろう。許容範囲が狭く、その意味では不器用なところもあるが、結局、長く現役を続けられた人というのは、ずっと練習を続けて積み重ねてきたのだ、との思いが強い。土井正博さんや小久保裕紀さん、稲葉篤紀さんからそう聞いたし、身近なところでは松井稼頭央さんや栗山巧さんの姿を見て実感してきた。

また、「侍ジャパン」に招集されて、他球団のトップクラスの選手を間近で見られたことも、そう思える大きなきっかけになった。試合だけなら外からでも見られるけれど、一緒に練習をしたり食事をしながら超一流のやり方や考え方を肌で感じて、勝利に向かっていくために必要なものをいろいろ知ることができた。その意味では、選んでもらってありがたかった。

そしてもちろん、ライオンズというチームでチャンスをいただいて、一人前になるまで我慢して育ててもらった恩もある。

後輩にイジられることも、まあ、仕方がない（笑）。それも僕らしいと言うと、少し格好をつけすぎかもしれないけれど。確か最初は、先輩方からの圧倒的なイジられキャラとして始まった。いつのころからそうなったのか？　八戸大学時代に藤木豊監督から「ウナギイヌ」というあだ名をつけられたあたりだったか？　もうあまり覚えていないが（笑）、プロに入ってからも僕はイジられキャラであり続けた。普通なら、それも新人のころだけで、後輩が入ると、「俺たちが先輩のように秋山さんをイジってはダメだろう」と考えるはずなのに、僕はみんなから「秋山さんは、後輩がイジっても大丈夫な人だ」と思われてしまったらしい。ときにはイラッとすることもあるが（笑）、こうなってしまった以上は仕方がない。

18年にパ・リーグ優勝を決めた翌日の10月1日、『S☆1』（TBS系）というスポーツ番組に山川穂高、菊池雄星とともに生出演した際、雄星が「秋山さんに言いたいことがある」という切り出しから、こんなことを話し始めた。

「メットライフドームで投げているときに、秋山さんがサングラスをかけているんですよ。それが、すごく似合わないという評判なんです。僕、（そのことを）知らずにセンターを見たら、『なにしてるの、あの人！』って思って。草刈り用（のサングラス）でしょ？」

このサングラスは、ナイトゲームの開始直後の時間帯はまだ陽《ひ》が残っていて、メットライフドームの屋根と球場の隙間《すきま》から夕日が差してくるため、ボールがまったく見えなくなってしまい、急ぎ手配してもらってかけたものだった。僕としては、必死で対応したものを番組でイジられたので、このときは本気でカチンときてしまった。

そこで思わず、「お前のとき、外してやるよ。フライ落としてやっから」「お前んときは、もう絶対サングラス外すから」「雄星のときは頑張らないと決めたので」など次々と、まくし立ててしまった。雄星はそれでも終始笑顔で、結局、ポスティングシステムを利用してシアトル・マリナーズへ移籍してしまったから、「頑張らない試合」は実現しなかったけれど、おかげで19年はサングラスがかけづらくなってしまった。もし、「イジられるから」という理由でサングラスを外して守備につき、本当にフライを落としてしまったら、死活問題になりかねない。とんだ置き土産《みやげ》だ（笑）。

まあ、この一件がネタになって、その後もほかのメディアに出ることとなり、僕の個性を世に広めてもらえた部分もあったので、この一件については「感謝」という言葉ですべてをおさめようと思う。ただ、「感謝」を文字だけで示すと、見た目がすごくきれいなので、安易に一件落着となってしまうのも怖い。今ひとつ釈然《しゃくぜん》としない。このあたりの僕の複雑な心境は、読んでいるみなさんが汲《く》みとってほしい(笑)。

もちろん、雄星は、普段はとてもいいやつだ。ピッチャーとしての力量も素晴らしいものがあると思う。メジャーリーグでの活躍を心から願っているぞ、雄星！　俺はあの生放送のときのことは忘れないけどな(笑)。

第１章からの一連の流れを振り返ると、僕は融通のきかぬ面倒くさい人間なのかもしれないと、改めて感じる。でも、いろいろな人との出会いによってこういう人間にしてもらった、という思いもある。その結果として、今の「秋山翔吾」は成り立っているんだなと。だから、ここまで歩んできた野球人生に悔いなどまったくないし、きっと正しい道を進んでいる。

そして、それはこれからも――。そう信じて、良い結果をつないでいきたい。僕の性格上、不安がなくなるということはないかもしれないけれど、未来に向けて不安だけでなく希望も持って進んでいければと思っている。

Majestic
Lions
SEIBU SOGO

おわりに

過去、メディアのインタビューは数多く受けてきたけれど、自著を出すのはこれが初めてだ。読んだ人はどう思うだろうか？　楽しみでもあるが、不安もある。でも、誠実に、正直に自分の考えを明かしたつもりだ。

それゆえ、文中にはクソ真面目《まじめ》なところもある。頑固なところもある。ネガティブなところもある。バッティングについてはそれなりに伝えられたという自負が多少なりともあるけれど、守備や走塁について、また、本の後半に記した、とくに「心」に関連するような内容については、いかがだっただろうか？　僕自身は、活字にしたことで、改めて自分の底の浅さを思い知ったという印象だ。

でも、それらすべてが「秋山翔吾」という人間を形成しているのだから仕方がない。いまさら格好をつけたり、取り繕《つくろ》ったりしても、後悔するだけのこと。読者からどのような感想が来たとしても真摯《しんし》に受け止めて、もし、また本を出せる機会をいただけるときがあれば、そこで生かそうと思う。

さて、本書が世に出る２０１９年のシーズンは、僕自身、「挑戦」という言葉を目標にしてプレーしている。これは、18年12月の契約更改後の記者会見で表明したものだ。

リーグ優勝を果たした18年とメンバーが同じであれば、「連覇」とか「日本一」でもいい。でも、FA（フリーエージェント）で炭谷銀仁朗さんが読売ジャイアンツへ、浅村栄斗が東北楽天ゴールデンイーグルスへ移籍した。さらに、ポスティング制度により、菊池雄星がシアトル・マリナーズへ旅立った。攻守において重要な役目を果たしていた人材が、一気に3人も抜けたとあれば、もはや別のチームだ。

だからといって、それを言い訳にできないのがプロ野球の厳しさでもある。残ったメンバーにプラスα《アルファ》の要素を加え、前年とはまた違う形で勝ちゲームを積み重ねなくてはならない。だから、これは新たな「挑戦」なのだ。パ・リーグ連覇は過去の球史を振り返っても簡単なことではないけれど、決して不可能ではない。18年のクライマックスシリーズで我が埼玉西武ライオンズを下し、日本一になった福岡ソフトバンクホークスをはじめとして、パ・リーグの各球団はひと筋縄にはいかない。1つひとつ、大事に戦っていきたい。

そして、本書の中でも思いを綴《つづ》ったが、シーズンを終えたのちに控える自分自身の展開については、様々な「ゼロではない可能性」がある。メジャーリーグへ挑戦するのか、「侍ジャパン」の一員として20年の東京オリンピックに挑むのか。そもそも、FA宣言をするかどうかもまだわからない。

でも、それらは、シーズンオフになるまで一切封印する。僕は目の前の試合、目の前の打席、目の前の一球に集中するだけだ。なぜなら、公式戦で満足できる成績を残さなくては、未来もなにもないのだから。15年の打撃改造が成功して以来、タイトル争いをするくらいのレベルを保ててはいるが、きっかけひとつであっという間にレギュラーの座など失ってしまうのがこの世界。その不安を打ち消すために、日ごろから練習も目一杯しておかなくてはならない。

周囲からも、「そこまで、ネガティブでなくてもいいのでは？　なにも問題ないはずですよ。大丈夫でしょう？」と言われることがある。でも、マイナスから入るのは、言わば父の教えで、野球を始めたころから変わることのない秋山翔吾のパーソナルなスタイル。もう、ほかの方法ではできないだろう。むしろ、それを貫き通すことで、さらに道は開けると信じている。

最後に本書の刊行にあたって、ライオンズや廣済堂出版の関係者には多大なご協力をいただいたことについて、改めて御礼を申し上げたい。そして、最後まで付き合ってくださった読者のみなさまにも。本当にありがとうございました！

2019年8月

秋山翔吾

打点	盗塁	盗塁刺	犠打	犠飛	四球	死球	三振	併殺打	打率	出塁率	長打率
21	8	5	8	0	15	6	63	1	.232	.285	.317
37	10	5	15	1	28	3	70	7	.293	.343	.404
58	13	6	12	2	49(1)	7	89	8	.270	.334	.408
47	3	3	11	2	70(2)	3	98	4	.259	.356	.360
55	17	**17**	7	2	60(2)	4	78	6	.359	.419	.522
62	18	6	0	6	77(2)	10	103	2	.296	.385	.422
89	16	5	0	**7**	72(1)	5	97	4	**.322**	.398	.536
82	15	10	0	1	77(4)	4	96	3	.323	.403	.534
451	100	57	53	21	448(12)	42	694	35	.300	.373	.451

主な個人記録

- **初出場・初先発出場**　2011年4月12日、対北海道日本ハム1回戦(札幌ドーム)、9番ライトで先発出場
- **初打席**　同上、3回表にダルビッシュ有から死球
- **初安打・初打点**　2011年4月13日、対北海道日本ハム2回戦(札幌ドーム)、2回表にブライアン・ウルフからセンター前タイムリー。
- **初盗塁**　2011年4月20日、対千葉ロッテ2回戦(QVCマリンフィールド)、3回表に二盗(投手・唐川侑己《からかわゆうき》、捕手・里崎智也《さとざきともや》)
- **初本塁打**　2011年9月8日、対千葉ロッテ18回戦(西武ドーム)、4回裏に小林敦《あつし》からライト越え2ラン
- **オールスターゲーム出場**　5回(2015〜19年)
- **31試合連続安打**(2015年6月3日〜7月14日) ※左打者歴代1位
- **シーズン安打日本プロ野球記録**:216安打(2015年)
- **シーズン猛打賞日本プロ野球タイ記録**:27回(2015年)
- **連続フルイニング出場**:595試合(2014年9月6日〜2018年10月6日、継続中) ※パ・リーグ記録

日本代表歴

- **侍ジャパンマッチ2012 日本代表VSキューバ代表**(2012年)
- **WBSCプレミア12**(2015年)
- **第4回WBC**(ワールド・ベースボール・クラシック)(2017年)

#55
SHOGO AKIYAMA

Results 秋山翔吾 年度別成績ほか

■年度別打撃成績(一軍) ※太字はリーグ最高、☆は日本プロ野球記録、カッコ内は故意四球(敬遠)

年度	チーム	試合	打席	打数	得点	安打	二塁打	三塁打	本塁打	塁打
2011	埼玉西武	110	313	284	35	66	9	6	1	90
2012	埼玉西武	107	450	403	50	118	17	**8**	4	163
2013	埼玉西武	**144**	634	564	89	152	25	7	13	230
2014	埼玉西武	131	561	475	64	123	24	6	4	171
2015	埼玉西武	**143**	**675**	**602**	108	**216**☆	36	**10**	14	314
2016	埼玉西武	**143**	**671**	**578**	**98**	171	32	4	11	244
2017	埼玉西武	**143**	**659**	**575**	**106**	**185**	**38**	5	25	**308**
2018	埼玉西武	**143**	**685**	**603**	107	**195**	**39**	8	24	**322**
通算		1064	4648	4084	657	1226	220	54	96	1842

■年度別守備成績(一軍) ※太字はリーグ最高

外野

年度	試合	刺殺	補殺	失策	併殺	守備率
2011	106	189	8	5	1	.975
2012	106	284	9	4	1	.987
2013	**144**	317	8	4	0	.988
2014	130	**290**	7	3	2	.990
2015	**143**	**341**	**7**	2	0	.994
2016	**143**	**301**	**10**	0	**2**	**1.000**
2017	**143**	279	7	3	2	.990
2018	**143**	289	4	4	1	.987
通算	1058	2290	60	25	9	.989

タイトル

- **最多安打**:3回(2015、17、18年)
- **首位打者**:1回(2017年)

表彰

- **ベストナイン**:3回(外野手部門/2015、17、18年)
- **ゴールデングラブ賞**:5回(外野手部門/2013、15〜18年)
- **月間MVP**:4回(2015年3·4月、6月、17年7月、19年5月)
- **コミッショナー特別表彰**:1回(2015年)
- **オールスターゲーム敢闘選手賞**:2回(2017年第1戦、第2戦)

秋山翔吾（あきやま しょうご）

1988年4月16日生まれ、神奈川県横須賀市出身。右投左打。身長184cm、体重85kg。背番号55。A型。横浜創学館《そうがくかん》高校ー八戸《はちのへ》大学ー埼玉西武（2011年〜）。父親の影響で物心つく前から野球を始め、その指導で左打ちに。横浜創学館高では甲子園出場なし。北東北大学野球連盟の八戸大学で1年春からレギュラー入り。4年春の首位打者、最多打点、ベストナイン、優秀選手賞の4冠などで注目され、10年オフのドラフト会議で埼玉西武から3巡目指名を受け、入団。11年4月12日、北海道日本ハムとの開幕戦でルーキーながら9番ライトでスタメンに抜擢《ばってき》される。13年には全試合に先発出場し、ゴールデングラブ賞を獲得。「打撃開眼」の年となった15年は、2か月連続月間40安打（史上2人目）、31試合連続安打（歴代3位タイ。左打者では歴代1位）、シーズン猛打賞27回（歴代1位タイ）、そして日本プロ野球新記録となるシーズン216安打など、記録ラッシュの1年だった。以降も、17年には初の首位打者と2度目の最多安打に輝き、18年にも2年連続3回目の最多安打と、球界屈指のヒットメーカーに。19年からは、チームのキャプテンに就任。リーグ連覇、そして日本一を目指すリーダーシップにも期待がかかる。

Professional Bible
技術と心
至高の打撃・野球道&精神力探求バイブル

2019年 9 月25日　第1版第1刷
2020年11月28日　第1版第3刷

著者……秋山翔吾

協力……株式会社西武ライオンズ
企画・プロデュース……寺崎江月（株式会社no.1）
構成……キビタキビオ
撮影……石川耕三（ユニフォーム写真など）　西田泰輔（私服写真）
写真提供……産経新聞社（P4上、P5下、P33、P53、P67、P135、P147、P171、P179、P205、P211）
スポーツニッポン新聞社（P91、P227上下）
ブックデザイン……木村典子・桐野太志（Balcony）
ブックデザイン協力……木村ミユキ　南千賀　有限会社デザインコンプレックス
DTP……株式会社三協美術
編集協力……長岡伸治（株式会社プリンシパル）　浅野博久（株式会社ギグ）
根本明　松本恵
編集……岩崎隆宏（廣済堂出版）

発行者……後藤高志
発行所……株式会社廣済堂出版
〒101-0052 東京都千代田区神田小川町2-3-13 M&Cビル7F
電話　編集03-6703-0964／販売 03-6703-0962
FAX　販売03-6703-0963
振替　00180-0-164137
URL　http://www.kosaido-pub.co.jp
印刷所・製本所……株式会社廣済堂

ISBN978-4-331-52237-0　C0075